# 磯野家の家じまい

弁護士・終活コンサルタント
長谷川裕雅



リベラル社

磯野家は、昭和の典型的な大家族。
いつも笑いが絶えず、
ずっとこの暮らしが続くと思っていました。

でも、時が過ぎ、サザエやカツオ、ワカメ、
みんな家を出てしまって、

**残されたのは年老いた私たち老夫婦のみ。**

お父さんはまだ元気だけど、もういい年齢だし、
私も最近腰が痛くて、何をするのも億劫。
広い家なので、掃除をするのも大変です。

テレビのニュースでは、
高齢者を狙った犯罪も増えているそう。
もしも夜中におそわれてしまったら……。

それに、家も古くなって、あちこちガタがきて、
維持するのにもいったいいくらかかるの？

家族の思い出が詰まった、大切な家。
だけど……

この先、どうすればいいのでしょう？

磯野フネ

# 家じまいチェックリスト

## 家族会議を開く

□家じまいの目的や方針を明確にする

□家族の意向を確認する

## 全ての不動産の所在や現状を把握する

□土地・建物の権利関係を確認する（登記簿謄本など）

□固定資産税や管理費などのランニングコストを確認する

□家の築年数や修繕履歴、現状の不具合箇所を確認する

## 法律や税金の専門家に相談する

□相続税、不動産譲渡所得税などの税金がいくらかかるのかについて弁護士や税理士に相談する

□相続手続きや相続税納付手続きについて弁護士や税理士に相談して予め各手続きを確認しておく

## 不動産を査定し売却・賃貸を進める

□信頼できる不動産業者に家や土地の査定を依頼する

□査定結果を踏まえて、売却か賃貸かを検討し、家族で話し合う

□不動産会社と契約し、家の売却または賃貸の手続きを進める

□売却・賃貸が決まったら、引き渡しの準備を進める

## 家じまい後の住み替え先を決める

□サ高住、有料老人ホーム、（シニア向け分譲）マンションなど、新たな住まいの選択肢を検討する

□各施設を見学し、自分のライフスタイルや健康状態に合った施設を選択する

□入居先が決まったら契約締結手続きを進める

## 生前整理を始める

□家財道具（引っ越し先でも使用するもの）、思い出の品として残しておきたいもの、不要品として処分するものに仕分ける
□不用品について、処分費用や買取の可能性を確認する
□不当品について、廃棄業者やリサイクル業者を手配する
□思い出の品について、残しておきたい理由を家族に説明する

## 家じまいの記録を残す

□手放すことになる家の写真を撮るなどして思い出を残す
□思い出の品として残しておきたいものについて、現物を残しておくものと写真等の記録として残しておくものに仕分ける

# 終活チェックリスト

## 終活の目的を明確にする

- □自分らしい人生の締めくくりをどう過ごしたいかについて考える
- □家族に負担をかけないための準備内容をリスト化する

## エンディングノートを作成する

- □葬儀や供養の希望や思いを書き残す
- □形見分けについて考えを書き残す
- □家族や友人へのメッセージも添える

## 財産の整理を始める

- □口座銀行や保険、不動産、株式など、全ての財産をリスト化する
- □通帳や権利書、契約書などの所在を確認する

## 信頼できる専門家を見つける

□弁護士や税理士など、終活を円滑に行うために必要な専門家に相談する

□専門家から遺言や相続、税金対策のアドバイスを受ける

## 遺言を作成する

□自筆証書遺言か公正証書遺言のいずれかを選択する

□自筆証書遺言を作成する場合には要件にも注意する

□公正証書遺言を作成する場合には公証役場に連絡をとり準備を進める

□財産目録を作成する

□どのように財産を分けたいかについて明確に記載する

□家族への思いやメッセージも添える

## 葬儀・お墓の希望を考える

□一般葬、家族葬、直葬、一日葬など、自分に合った葬儀形式を検討する

□永代供養墓や納骨堂、樹木葬など、墓じたくの選択肢を確認する

## 医療や介護の希望を明確にする

□延命治療の希望や、介護が必要になった際の方針を検討する

□尊厳死宣言公正証書やリビングウィルを作成し、意思を明確に記す

## 身の回りのものを整理する

□定期的に断捨離を行い、遺品整理の負担を軽減する

□大切なものや思い出の品を誰に譲るかを考える

**デジタル遺品の管理をする**

□パソコンやスマホ、クラウドサービスに保存されているデータを整理する

□ＳＮＳアカウントやメールアドレスのログイン情報をリスト化する

**お金の見直しを行う**

□老後資金や医療・介護費用を計算し、必要な貯蓄額を確認する

□不要な保険やサービスを解約する

**相続税対策の計画を立てる**

□税理士や弁護士などの専門家に相談する

□生前贈与の活用や、相続税の負担を軽減する方法を検討する

**生命保険や年金の確認・整理を行う**

□加入中の生命保険や年金の内容を確認し、必要に応じて見直す

□保険金の受取人が適切か確認する

**健康状態の確認**

□定期的に健康診断を受け、自分の体調を把握する

□介護が必要になった場合に利用できるサービスや施設を調べておく

**ペットの引き取り先を見つける**

□ペットがいる場合、信頼できる引き取り先を決めておく

# はじめに

本書は磯野家を例に挙げながら、「家じまい」の必要性を読者にお伝えします。「家じまい」は、どこか後ろ向きで寂しいイメージを持つ言葉でもあります。しかしそれは家との決別ではなく、新しい暮らしを始めるための準備です。高齢化や核家族化が進む現代では、住み慣れた家を見直し、より快適で安全な生活を選択することが必要になりました。

多くの方に親しまれている「磯野家」を例に考えてみましょう。東京都世田谷区の一戸建てに住む波平とフネは、かつて家族全員と一緒に楽しく暮らしていました。子どもたちは独立し、今は夫婦二人だけの生活。

庭の手入れや室内の段差など、日常生活に少しずつ不便を感じることが多々あります。また家には多くの思い出が詰まっていますが、それと同時に現実的な課題も抱えています。

家の維持費や老朽化、防犯面の不安、さらには将来の相続など、これらは磯野家に限らず、多くの家庭が抱える共通の問題です。

本書では、磯野家をモデルケースに、以下のような課題を掘り下げます。

高齢化に伴う生活の変化と、一戸建て住宅のリスク
「家じまい」を選択する際の具体的な方法
相続や遺産分割における注意点
これからの生活をより快適にするための選択肢

「家じまい」は過去を否定するものではありません。家族の歴史を大切にしながら、次の世代や自分自身の暮らしをより良くするための一歩です。

皆さんが「家じまい」について考える際のヒントとなることを願っています。


なお本書では、一戸建てに住む磯野家の「家じまい」をテーマにしています。

一戸建てとマンションを対比し、マンションへの住み替えを勧めている場面がありますが、あくまでも「家じまい」という限定された場面における生活スタイル転換の提案です。一戸建てとマンションで、一般的にどちらが優れているかという考察とは距離を置いたもので、選択肢の一つとして提案しています。

4ページから、「家じまい」と「終活」のチェックリストを設けました。やるべきことの抜け漏れを防ぐためにお役立てください。

長谷川裕雅

## 目次

# 第2章　めばえ始めた「家じまい」という選択

## ――高齢夫婦をとりまく様々なリスク

## 第3章　ノリスケ夫婦の生き方
### ――快適さと安全性を備えた住まいを求めて



## 第4章　磯野家を襲った相続問題
### ――知っておきたい正しい終活の進め方

## 第5章　幸せになるための「家じまい」

### ――専門家に相談するメリットとは



※本書では、「家じまい」のリアリティーを感じていただくために、磯野家の人々の年齢を次のように設定します。

| | | | | | | | |
|---|---|---|---|---|---|---|---|
| 磯野　波平 | 74歳 | フグ田マスオ | 48歳 | 波野ノリスケ | 46歳 |
| フネ | 70歳 | サザエ | 44歳 | タイコ | 42歳 |
| カツオ | 31歳 | タラオ | 23歳 | イクラ | 21歳 |
| ワカメ | 29歳 | | | | |

# 第1章

# 波平とフネの憂うつ

## ——変化する家族のかたち

## いつまでも足腰が丈夫とは限らない

波平とフネは、長年住み慣れた世田谷の一軒家で、今は二人きりの生活を送っています。二人にとってこの家は、家族の思い出が詰まったかけがえのない場所です。

ある朝、波平は庭先の植木を手入れしようと、剪定ばさみを手に外に出ました。数年前までは日課だったこの作業も、最近は億劫《おっくう》に感じることが増えてきました。かがんで作業をしていた波平がふと立ち上がると、膝がカクンと鳴りました。

「あいたたた……最近、どうも膝が言うことをきかんな。」

波平はその場で少し膝をさすりながら、縁側に腰を下ろしました。

その様子を台所から見ていたフネが、

「あなた、大丈夫ですか？　無理をしたらいけませんよ。」

「いや、大丈夫だ。ちょっと膝が固まっただけだ。」

波平は強がりますが、顔には不安の色が浮かんでいます。

その日の午後、フネが掃除をしている最中、ふと床に落ちていたゴミに気がつき、腰を下ろすと、腰に鈍い痛みが走りました。思わず腰に手をやるフネ。

「この頃、ちょっと掃除するだけでも体が疲れるわね……。」

その晩、夕食が終わった後、波平とフネはリビングで静かに話を始めました。

「この家での生活が、だんだん大変になってきた気がします。」

波平は頷き、少し考えてから、こう言いました。

「この家は広くて暮らしやすいと思っていたが、子どもたちも出て行って二人になると、庭の手入れや掃除が思った以上に負担になっているな。」

「お父さんにだって無理をさせたくありません。これからのこと、少し考え直す時期かもしれませんね。」フネは穏やかな声で応えました。

その後も二人は、昔の思い出を語りながら、「家」という存在が今の自分たちの暮らしにとってどの程度負担となっているのかを静かに考え続けました。

磯野家の自宅は今では珍しい平屋の一戸建てで、東京都世田谷区にあります。

平屋の建築コストは二階建てよりもかかるようです（同じ床面積を確保する場合に二階建ての方が基礎や屋根の面積が小さくなるので、材料費や工事費が抑えられるからといわれています）。

地価が高い東京の高級住宅街にもかかわらず、贅沢《ぜいたく》にも平屋を選び、それでいて広い庭付きに住んでいるのですね。

なかなか都心ではお目にかかれない平屋一戸建てですが、一戸建てに住む方は二階建てや三階建てに住んでいる方がほとんどです。

一戸建て住宅にお住まいの皆さんが、波平やフネたちと一緒に自宅の問題を考えてもらうため、本来の設定では平屋になっている磯野家ですが、本書では二階建ての設定で考えることにしましょう。

二階建ての一戸建て住宅は、若い夫婦が住むには便利でしょう。空間を縦に広げることによって、床面積を広げることができますし、部屋もたくさん作ることができます。お子さんがいる場合は子ども部屋を確保し、家族のプライバシーを適切に守ることもできます。

しかし、**子どもが巣立った後はどうでしょうか。高齢者になってからは、**

**階段の昇り降りや庭の管理が負担になります**。波平とフネも、波平が膝の痛みを感じ始め、特にフネは掃除や料理の時間を短縮したいと考え始めました。**この家で老後を迎えることが本当に最適なのか**。二人は考え始めています。

長年住み慣れた家に愛着があり、二人はなかなか決断を下せませんでした。「庭の手入れや家の掃除が以前よりもずっと大変に感じてきました。」とこぼすフネ。

三人の子どもは独立し、使っていない部屋が多いのですが、それでも掃除はしなければなりません。

波平は、「階段を上るとき、どうしても膝に負担がかかるっているのはわかっている。もし転んだりしたら大変だぞ。」と心配を口にしました。

階段を上って二階に上がるのが億劫で、最近では二階を物置として使っています。

福岡から東京に出てきたとされる磯野家ですが、やっと手にしたマイホームです。

二人には家を手放すという考えは全くありませんでした。

家は単なるモノではなく、これまでの思い出が詰まった大切な場所だからです。

サザエやマスオと囲んだ食卓、カツオが叱られた茶の間、ワカメが宿題をした子ども部屋、タラちゃんがタマを追いかけた庭。

子どもたちが育ち、家族の絆が深まった場所。

波平もフネも、世田谷の自宅を手放すなど考えたこともありませんでしたが、この家に住み続けることで、生活の質が低下してしまっている現実に気づき始めています。

波平とフネは、自分たちの健康状態などから、広い家を管理する自信がないことを認め、このままこの家に住み続けることが本当に正しいのかという疑問を抱き始めたのです。

長年の住み慣れた家を手放す決断をするのは簡単ではありません。家族が集まり、そして巣立っていった家。思い出は尽きませんが、年齢を重ねた今では、生活の安全や利便性も大切です。

二人は少しずつ「家じまい」を検討し始めました。

# 世田谷の一軒家で大丈夫？

## サブちゃんも来ない時代で買い物ストレス

ある日、フネは買い物に行こうと玄関で買い物袋を持ち、靴を履き始めました。

「母さん、また一人で行くのか？　重い荷物を持つのは大変だろう。」

波平が声を掛けます。

「ええ、でもこれぐらいなら大丈夫ですよ。」

フネはそう言ったものの、心の中では少し不安を抱えていました。

今までは、何か足りないものがあれば、「サブちゃんにお願いすればいい。」という安心感がありました。

しかし数年前から、サブちゃんの配達サービスは終了し、近所の商店は次々と閉店しました。

スーパーは家から徒歩十五分ほどの距離です。

往復三十分の道のりを、初めは何とも思っていなかったフネでしたが、最近は歩くだけで疲れを感じることが増えました。ペットボトルの飲み物、瓶入りの調味料など重い物を持ち帰るのは、腰や腕に負担がかかります。


フネが買い物から帰宅した夕方、波平は庭の手入れをしながら買い物袋を抱えたフネの様子を見ていました。

「大丈夫ですよ、これぐらい。でも最近、買い物から帰るたびに腕が痛くなりますね……。」

波平は少し眉をひそめながら言いました。

「やっぱり無理をしているんじゃないか。昔はサブちゃんが何でも届けてくれたが、今はそうもいかんのだな。」


その日の夜、夕食を済ませた二人は、お茶を飲みながら今まで感じていたこの家での暮らしの違和感について話しました。

「買い物に行くという意味でも、この家での暮らしについて考えていかないといけないな。」波平が真剣な表情で言いました。

高齢者の買い物環境は、昔と今で大きく変化しています。かつてのように、近所の個人商店の配達サービスを利用することはできなくなりました。三河屋のサブちゃんの配達サービスに長年頼っていた波平とフネも、サービス終了後は買い物の不便を感じています。

波平とフネのような高齢者にとって、重い荷物を運ぶことや遠くのスーパーまで出かけていくことは、体力的にも精神的にも大きな負担です。

地方都市では買い物難民も発生し、限界集落などといわれる地域も出ているようです。

インターネットの普及によって、ネットスーパーやアマゾン、楽天などでの注文も普及しています。いち早く順応している方もいる一方で、高齢者の中には、慣れない操作に戸惑う方もいるようです。**インターネット社会の便益を享受する方と、変化について行けない方の二極化が進んでいるのが現実です。**

## その広い家、家事できますか？

波平とフネが住む世田谷の一戸建ては、長年の思い出が詰まった大切な家です。

広い茶の間、子どもたちが使っていた寝室や客間まで含めると、掃除や手入れに時間や手間がかかります。

夫婦二人で暮らしている今では、ほとんど使わない部屋も多いものの、結局どの部屋も定期的に掃除しなければなりません。

「お母さん、掃除機は私がかけたわ！」

その日は久しぶりにサザエが来ていました。

茶の間の塵が気になったサザエが、自ら掃除機を引っ張り出し、せっせと掃除を進めます。

「助かるわねぇ、ありがとう。」フネは笑顔でお礼を言いましたが、内心では少し複雑な気持ちを抱いていました。

「お母さん、やっぱりこの家、広いわよね。掃除だけでもかなり大変でしょう？」

掃除を終えたサザエが息を切らしながらそう言うと、フネは寂しそうに答えました。

「少しずつ身体が追い付かなくなるのよ。昔は何でもなかったことが、今は重労働に感じるわ。」

それを聞いていた波平も「確かに、母さんにだけ掃除や片付けを任せていたな。ワシも庭の手入れだけで精一杯だからなぁ。」と、少し疲れた様子。

サザエは掃除機を片付けながら言いました。

「お父さん、お母さん、こんなこと言っちゃ悪いけど、いつまでも私が手伝えるわけじゃないのよ。」

その言葉に、フネは心の中で「そうよね……。」とつぶやきました。

サザエやマスオがたまに来てくれるのはありがたいのですが、それがいつまでも続く保証はありません。

子どもたちにもそれぞれの生活がある以上、自分たちでなんとかする方法を考えなければなりません。

二人は少しずつ「この家を維持することが、家族にとって本当に良いことなのか」を考え始めました。

磯野家のように、広い一戸建て住宅で暮らすことは多くの方にとって憧れです。しかし年齢を重ねてその広さが逆にストレスとなることもあります。波平とフネが住む世田谷の一戸建て住宅は、三人の子どもを育て、マスオ夫婦も含む二世帯が同居している間は、家族全員が快適に過ごせるだけの十分な広さを提供していました。

しかし家族の形態は変化します。子どもは成長して巣立っていきます。カツオとワカメは大学進学を契機に世田谷の自宅から離れて一人暮らしを始め、それ以来戻ってきません。サザエ夫婦は住宅ローンを組んで、近所に自宅を購入して出ていきました。残された波平夫婦は、五ＬＤＫの大きな一軒家に高齢夫妻だけで暮らしています。

家事は多くの時間と体力を必要とします。特に掃除や料理、洗濯などの毎日の仕事は、家が広い分面積が広くなるわけですから、当然その負担も大きくなります。

二階建ての家では、掃除の範囲も広く、掃除用具を手に持っての階段の上り下りも必要で、年齢とともにその負担は大きくなります。

波平とフネは、家事を成し遂げるために一日にかなりの時間を割かなければならなくなり、体力的に厳しく感じることも増えました。

特にフネは「前は何でもできたのに、今は時々手が回らなくなってきたわね。」とため息をつき、これまでのように家を維持することの難しさを実感しているようです。

年齢を重ねることで、体力が低下しただけでなく、関節や腰の痛みなどの持病も悪化してきています。多くの高齢者は、波平とフネのように、広い家の管理に苦労しているようです。

## 振り込め詐欺だけじゃない。強盗も

真夏の昼下がり、磯野家ではカーテンが閉められ、窓もすべて施錠されていました。室内には風ひとつ通らず、むっとした熱気が漂っています。

「おい、家の中が蒸し風呂みたいだぞ。」

波平は扇子で顔を仰ぎながら、汗を拭いています。

「最近、近所で強盗があったと聞いてから、窓を開けるのが怖くて……。」

フネは不安そうに応えながら、冷たい麦茶を差し出しました。

近所で強盗被害が発生して以来、フネは昼間でも窓を開けるのをためらうようになっていました。フネの気持ちを理解しつつも、波平はこの暑さに本当に参っていました。

「お父さん、お母さん！　こんな真夏に、窓も開けずに生活しているなんてありえないわよ！」

久しぶりに家に来たワカメは、すぐにカーテンを少しだけ開き、窓を開けました。そこから入る微風に、波平とフネは息をつきましたが、フネはすぐにこう言いました

「ワカメ、窓なんて開けたら、どこから誰が入ってくるかわからないわ。空き巣や強盗が増えているって聞いたのよ。」

「でも、お母さん。この暑さで窓を閉め切って、熱中症にでもなったら大変よ。そもそもこの家だから心配が多いんじゃない？」

波平がその言葉に眉をひそめます。

「どういうことだ、ワカメ。この家が悪いと言うのか？」

「そうじゃないの、お父さん。一戸建てって防犯の面で不安が大きいんじゃない？　窓も玄関も守らなきゃいけないし、庭だって人目が届きにくいし。マンションだったら、若い人も多く住んでいるし、オートロックだって付いているわ。」

「マンション……そうね。確かに、出入り口が限られているから安心かもしれないわね。」

ワカメは続けました。

「防犯カメラも設置されているわよ。引っ越しは簡単じゃないけど、安全面を考えると、一戸建てよりも気楽だと思うの。」

「なるほどな。確かに、一戸建てだと心配な事が多いが、母さんも少し落ち着くかもしれないな。」

フネも悩みながら、

「長く住んできたこの家を手放すなんて思いもしなかったけど……少し考え直してみるのもいいかもしれないわ。」

「そうよ、お母さん。安心できる家を探しましょう。」

ワカメとの会話をきっかけに、波平とフネは、一戸建ては防犯面で不安があることを再認識し、これからの生活を考え始めました。一戸建てに住み続けることのリスクを、初めて現実的に受け止めた瞬間でした。


振り込め詐欺や悪質な訪問販売業者が高齢者をターゲットにする事例が増加しています。最近ではこれらにとどまらず、実際に高齢者が住む住宅を狙う強盗も増えています。磯野家のような一戸建て住宅は、プライバシーが守られている反面、外部からの侵入が容易であるため、特に高齢者だけが暮らす場合、犯罪者にとって最適の場所となっています。

マンションの多くは二重ロックなどのセキュリティを導入しており、物件によっては有人フロントを通過しないと中に入れないところもあります。

強盗被害に遭った家のほとんどがマンションではなく一戸建て住宅で、強盗も一戸建て住宅を狙って犯行ターゲットを選んでいるようです。波平とフネが住んでいる世田谷の家は閑静な住宅街にありますが、その静けさが、犯罪集団にとっては格好の標的になるのです。

フネは最近､何度も新聞やテレビで高齢者が狙われる強盗事件を目にし「もし自分たちが狙われたら……」と心配になっていました。

振り込み詐欺に関しては、特に注意を払っているものの、強盗や泥棒による犯罪は、犯行の兆候が見えにくく、被害者にとっては気を付けていても防ぎようがないこともあります。金銭を奪うだけではなく、激しい暴力が用いられることもあり、大きな危険が伴うのです。

波平とフネは、相次ぐ強盗事件のニュースを聞いて、防犯対策を強化する必要性を感じ、防犯カメラの設置や、鍵の交換を考えています。

夜間に外出しないなどの行動制限に加え、近隣住民とのつながりを強化することも、大切な対策です。

## 二千万円も必要？　お金は十分ですか？

日曜日の午後、磯野家の茶の間では、波平とフネがいつものようにお茶を飲みながらテレビを見ていました。その時、カツオが久しぶりに実家を訪れ、玄関から賑やかな声を上げて入ってきました。

「お父さん、お母さん！　ちょっとニュースで見たんだけど、面白い話があるんだよ！」そう言いながら、カツオはテレビを指します。画面には「二千万円問題」の特集が映されていました。

「何、二千万円問題だと。どういうことだ？」波平は湯呑みを置き、少し怪《け》訝《げん》そうに尋ねました。

「いや、面白いっていうか、ちょっと真面目な話さ。このニュース、見たことない？　老後の生活費が年金だけじゃ足りないってやつ。**退職後に必要な**

**お金は二千万円以上**だとかいわれてるんだよ。」

「まあ、そんな話は聞いたことがあるわね。でも、うちは贅沢もしていないし……。」フネが穏やかに応えます。

「お母さん、それはそうだけどさ、この家を維持しながら、もしも病気とか介護とか、予想外の出費が重なったらどうするの？」カツオは少し真剣な表情で切り出しました。

「確かに、老後は何が起きるかわからん。だが、ワシらはこの家で静かに暮らせばいいと思っておる。」

「そうだね。でもさ、この家を売るって選択肢もあるんじゃない？　たとえばマンションに引っ越せば、この家を売ったお金を老後の資金に回せるし、管理の手間も省けるでしょ？」

「家を売る……そんなこと、今まで考えたこともなかったわ。でも、確かにこの家は広すぎて、掃除するのも大変だと思っていたの。」

「お母さん、最近のニュースを見ていると、一戸建てを売って老後資金にする人が増えてるみたいだよ。特にこういう住宅地だと、高額で売却が期待できることも多いんだって。」カツオはさらに言葉を続けました。

「確かに、家を売ればまとまったお金は手に入るが、この家には家族の思い出が詰まっている。それを手放すというのは簡単なことではないぞ。」

「わかってるよ、お父さん。でも、**家を売るのはお金のためだけじゃなくて、これから二人がもっと楽に、安心して暮らすための手段**だと思うんだ。考えてみるだけでいいんだよ。どんな選択肢があるか知っておくだけでも、将来の不安は小さくなると思うよ。」

二千万円問題というニュースは、二人の老後の生活を考えるための一歩となりました。

老後の生活には、予想以上の費用がかかります。波平やフネが「家じまい」を始めた場合、引っ越し費用、リフォーム費用、新しい住まいの購入費など、高額の費用がかかる可能性があります。

老後に必要とされる資金の目安としてよく言われるのが、「**二千万円問題**」です。

これは、公的年金だけでは老後の生活費を十分にカバーできない可能性があるという指摘です。総務省のデータによれば、**高齢夫婦無職の平均的な月**

**間支出は約二十五万円ですが、年金だけでは月々五万円程度の不足が生じています**。この不足分を補うためには、退職後二十～三十年の間に二千万円以上の貯蓄が必要になるという計算です。ここ数年で進行した物価高も考えると、二千万円でも果たして十分かどうかはわかりません。

さらに、家じまいを進める際には、これに加えてまとまった資金が必要になります。たとえば、現在の家を売却して新しい住宅を購入する場合には、売却益が想定より少なければ差額を、またリフォームを選択した場合には、バリアフリー化や耐震補強などの費用が数百万円単位で発生することが一般的です。

波平とフネのように、十分な資産を持っているように見えても、計画的な資金管理が重要です。介護が必要になった場合、デイサービスや訪問介護の利用、介護施設入所などの選択肢によって、毎月数十万円の追加費用が発生する可能性があります。

老後の生活資金は十分あるかという問題については、慎重に考える必要が

### 世帯主の年齢階級別１か月の消費支出額（二人以上の世帯）

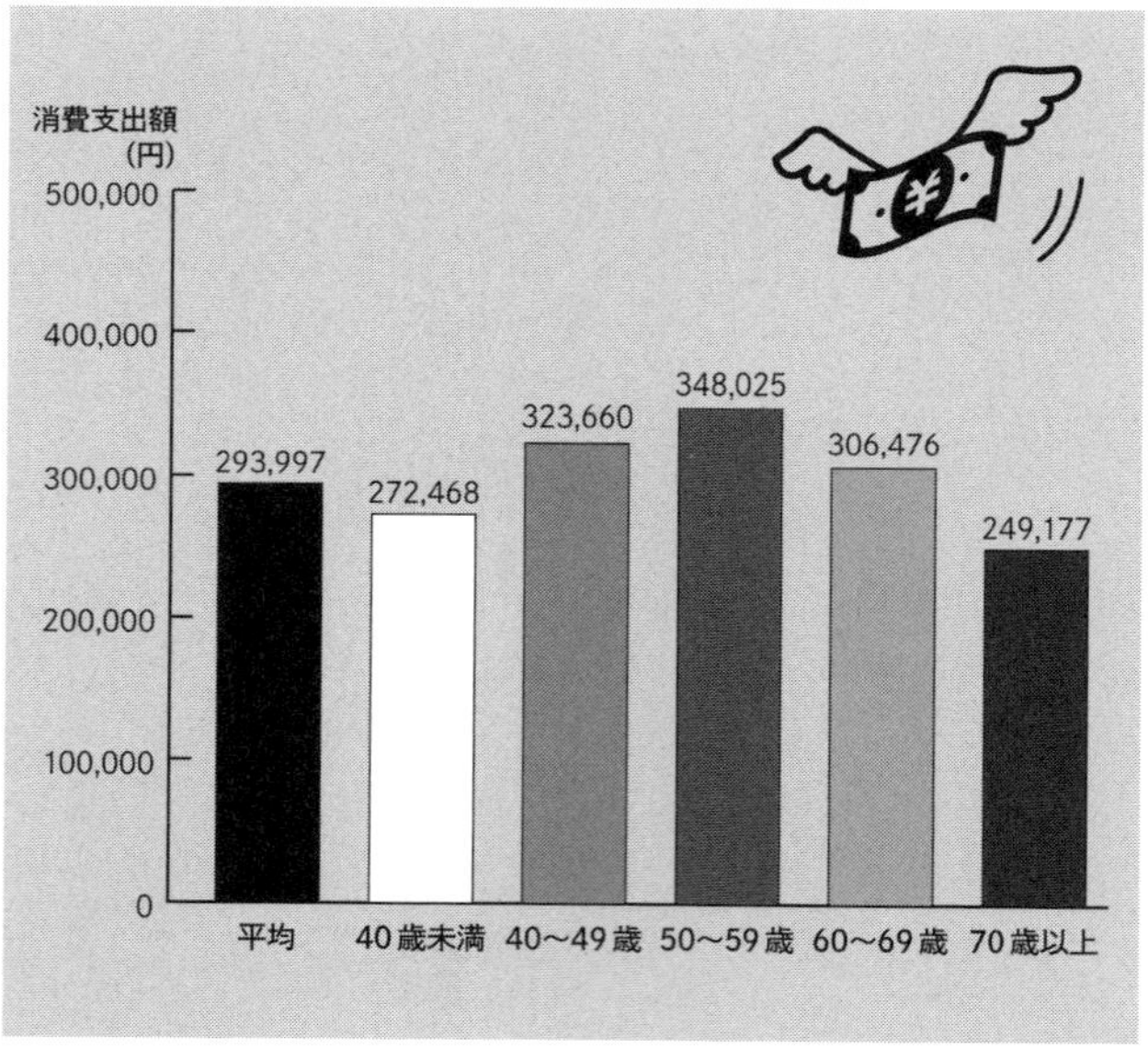


出典：総務省統計局HP家計調査年報2023年

2000万円問題。老後の生活には意外とお金がかかる

あります。**老後の生活費は、短期的な支出だけでなく、長期的な支出も計画に入れておくことが求められます。**まず資産状況を把握し、必要に応じて専門家のアドバイスを受けることが大切です。

ファイナンシャルプランナーや税理士などに相談することで、資産の見直しや節税対策を具体的に検討することもできます。老後の生活費を補う手段として、自宅を売却して買主から借り、引き続き自宅に住み続ける「リバースモーゲージ」を活用する方もいます。

波平とフネのような**高齢夫婦が安心して老後を過ごすため、まず最新の資産状況を正確に把握し、将来の出費に備えて計画を立てることが重要**です。

二千万円という数字がすべての家庭に該当するわけではありませんが、自分たちの暮らしに合った資金計画を立てることが、快適で安定した老後を実現する鍵となります。

## 第1章　波平とフネの憂うつ　まとめ

・日常の家事や買い物の利便性の点から、住み慣れた今の家が老後の暮らしに適しているのかを考えることが必要。

・特に一戸建て住宅は詐欺や強盗の防犯面でリスクも大きくなる。

・老後は家の維持費や生活費に加え、医療費や介護費も発生することから、自宅を売却し、将来の出費に備えて計画を立て、必要な準備を始めることが重要。

・現状を把握し、将来を見据えた選択をすることで、より安心して暮らせる老後を実現できる。

# 第2章

## めばえ始めた「家じまい」という選択

——高齢夫婦をとりまく様々なリスク

## ケース1　三世代同居だったはずが今や独居世帯に。老老介護も

三世代で住んでいた磯野家も、今では波平とフネの二人暮らしが続いています。静かな生活には慣れたものの、年齢を重ねて体力の限界が目立ち始め、最近ではフネが腰を痛めてしまいました。

「お父さん、お茶を淹れましたから、ここにおいておきますね。」

フネはゆっくりと波平の隣に座りましたが、その動作にはどこかぎこちなさがありました。

「おい、その腰は大丈夫なのか？　最近、なんだか辛そうに見えるぞ。」

「大丈夫ですよ。ここ最近ちょっと無理をしすぎただけで……。」

フネは微笑みましたが、その顔には疲れの色が浮かんでいます。

実は、波平もここ数年、足腰の痛みを感じており、家の中での移動も一苦労です。

夫婦で助け合いながら生活しているものの、お互いに体の不調を抱えてい

る状況で、日常の家事や生活が負担と感じることが多くなりました。

ある日、サザエが実家を訪ねてきました。茶の間で波平とフネが一緒に座っている姿を見た瞬間、どこかぎこちない雰囲気を感じました。

「何か困っていることない？」

フネは一瞬何かを言いかけましたが、波平が先に口を開きました。

「困っているというほどではないが……母さんが腰を痛めてな。最近はワシが代わりに洗濯物を干してるが、やはり慣れないことが多くてな……。」

「お父さんが洗濯を？」

サザエはびっくりしました。「でも、お父さんも足腰が痛かったんじゃなかった？」

波平は少し照れくさそうに笑いながら答えました。「まあ、そうだが。母さんには無理をさせられないからな。」

その言葉に、フネは優しく微笑みましたが、サザエは表情を曇らせました。

「早く言ってくれればよかったのに。」

「サザエ、あなたにはあなたの家庭があるでしょう。私たちのことは心配しなくても大丈夫よ。」

しかし、サザエは納得がいかない様子で言いました。

「何かあったときに私たちがすぐ駆けつけられないことだってあるのよ。」

サザエの言葉に、波平とフネはしばらく無言で顔を見合わせていました。

静かな時間が流れる中、波平が重い口を開きました。

「確かにサザエの言うとおりだ。」

波平とフネの様子を見て心配になったサザエは、二人に「ヘルパーや介護サービスを利用する方法」や「マンションへの住み替え」といった選択肢について話しました。

波平とフネにとって、より一層、今の生活を変えなければならないと思うきっかけとなりました。

一戸建て住宅に老夫婦だけが住む場合の問題点は、多くの家庭で見られるものです。

一戸建て住宅は当初、家族全員で住むことを想定して設計されていますが、子どもたちが独立した後は、必要以上に広い家となり、部屋数は無駄に多いものの使用する部屋は限られます。空き部屋が増え、家全体の管理が行き届かなくなりがちです。

波平とフネも、日々の掃除や庭の手入れが、次第に負担になり始めました。さらに、年を重ねる毎に、波平は膝の痛みを感じるように。フネも以前より家事のペースが遅くなっています。

この家に住み続けるのが当たり前と以前は考えていましたが、今では**この広い家を維持する必要があるのか**と自問することが増えました。

**さらに真剣に検討すべきなのは、介護の問題**です。

今はお互いが元気で暮らしているとしても、将来的にどちらかが介護を必要とする状況に陥ることは避けられません。

そうすれば夫婦のうち介護が必要な方は介護施設に入所し、健康な方は一人で広い家に残されて独居世帯となります。

**独居世帯になると、孤独感が生活の質を大きく下げる原因となります。**家族が周囲にいない生活では、万が一の場合に援助を求める手段が限られます。

犯罪に巻き込まれるだけでなく、自宅の中での事故でけがをしてしまうこともあります。一戸建て住宅の構造（階段や段差など）が、さらにリスクを増大させます。

波平とフネの例からわかるのは、**住み慣れた家への愛着と、老後の生活に適した住環境とのギャップ**です。

一緒に住む家族が減った今、「この家に住み続ける」という選択が一戸建て住宅に住む高齢者にとって最善なのか。当面の課題について、冷静かつ早期に考えることが重要です。

**家じまいの問題は、老後の生活全体に影響を考える重大なテーマ**なのです。

column

## 介護疲れで……悲劇に

老老介護の問題は、最近、社会的な課題として注目されています。高齢化が進む日本では、夫婦や兄弟姉妹同士での介護が増加しており、その中で発生する悲劇的な事件も少なくありません。

二〇二三年十月、東京都世田谷区で八十歳の夫が八十五歳の妻を殺害する事件が起きました。夫は長年、認知症を患う妻を介護していましたが、次第に精神の疲労が蓄積し、限界を迎えてしまったといいます。事件後、夫が「これ以上どうすることもできなかった」と語った様子は、多くの人々に老老介護の現実を突きつけました。この夫婦は二人だけで生活しており、周囲との繋がりが薄かったことも事件の背景にあるとされています。

また、二〇二二年十一月、神奈川県大磯町では、八十二歳の夫が約四十年間介護を続けてきた七十九歳の妻を車いすごと海に突き落とし、殺害する事件が発生しました。夫は「自分が介護しなければならない」という強い責任感から周囲の支援を拒否し、孤立した状況で介護を続けていたとされています。

さらに、二〇一九年十一月、福井県敦賀市では、七十二歳の妻が、介護していた義父母（九十三歳と九十五歳）と七十歳の夫を殺害する事件が発生しました。この事件では、近隣住民もこの家族の状況を把握していなかったことが問題となり、地域の見守り体制の重要性が指摘されました。

これらの事件は、老老介護の現実と、その限界を浮き彫りにしています。老老介護による悲劇を防ぐためには、介護者が孤立しないように、地域社会や専門機関の支援を積極的に活用することが重要です。行政も介護者の声に耳を傾け、適切なサポートを提供することが求められます。

## ケース2　売却して老人ホームに入れるの？

　ある日の朝、波平が庭先で植木の手入れをしていると、フネがポストから手紙を持って帰ってきました。その中に、不動産会社のチラシが紛れていました。

「お父さん、また不動産のチラシが入っていましたよ。この辺りでも、売りに出ている家が増えてきましたね。」

　フネは軽い調子で話しましたが、波平は少し顔を曇らせました。

「近くの家も、もう半年以上売りに出たままだな。何度も内覧会を開いているようだが、なかなか決まらんようだ。」

　その家は、長年住んでいた老夫婦が施設に入るために売りに出した一戸建て住宅でした。

　その日の夕方、久しぶりにサザエが訪れてきました。波平はお茶を飲みながら、その話題を持ち出しました。

「聞いたわ。あのお家、場所はいいけど古いから、買う人はリフォーム費用も考えないといけないみたいね。それがネックになるのかも。」サザエは真剣な顔で応えました。

「そうだな……築何十年も経っているし、その分管理が大変だろうな。」

波平は腕を組みながらうなずきました。

「お父さん、お母さん。この家を売って、もっと便利な場所に住み替えることも一つの選択肢だと思うわよ。でも、すぐに売れるとは限らないし、老人ホームみたいなところに入るなら初期費用もかかるわ。」

フネは驚いたように顔を上げました。

「場所や施設によるけど、一時金だけで何百万円、下手すると一千万円以上かかることもあるわよ。それに加えて月々の費用も必要だから、しっかり資金計画を立てておかないと不安になるわ。」

波平は眉をひそめながら不安な表情を浮かべました。

サザエはさらに続けました。

「ついでに、老人ホームにもいろいろ種類があるから、どんな暮らしがしたいのかを考えたうえで選ばないと。お父さんとお母さんが何を重視するかが大事よ。」
「よし、母さん。まずは家の価値を調べてみよう。同時に老人ホームについて調べてみる。焦らずに、しっかり準備を進めるのが一番だな。」

高齢化に伴い、今の家を売却して老人ホームに入る選択肢を検討する人は増えています。波平とフネも、子どもたちが独立し、自宅が広すぎると感じる中でこの選択肢を真剣に考え始めました。

ただし、**「売却してその資金で老人ホームへ」という選択肢には、いくつかの現実的な課題**が立ちふさがります。

まず、**家の売却には時間がかかります。**

世田谷の一戸建て住宅は、立地の良さから売れやすいと思われがちですが、実際には築年数やリフォームの有無、周辺環境によって市場価値が変わります。

希望する価格で売却できるとは限らず、資金計画を立てる前に、まずは不動産の専門家に査定を依頼する必要があります。

一方、老人ホームに入居するには、初期費用と継続的なサービス費用が発生します。

有料老人ホームの場合、入居一時金として数百万から数千万円が必要になるケースもあります。介護や日々のケアなどのオプションサービスにも費用がかかり、これが長期化することで財産が底をついてしまう可能性もあります。

また**「老人ホーム」と一言で言っても、その種類は多岐にわたります。**

有料老人ホームや特別養護老人ホーム、サービス付き高齢者住宅など、費用やサービスの内容は施設によって大きく異なります。**介護が必要になる可能性や最新の健康状態を考慮して、どの施設が最適かを検討する必要があります。**

さらに重要なのは、**心理的な問題**です。

長年住み慣れた家には、家族の思い出が詰まっています。

売却後に「手放さなければよかった」と後悔するケースもあります。

売却する前に、慎重に検討することが大切です。

**老人ホームへの入居を考える際には、時間をかけて情報収集を行い、自分に合った施設を探すことが重要**です。施設の費用やサービス内容だけでなく、施設の雰囲気や職員の対応、入居者の様子も重要な判断基準となります。人気のある施設では入居までに数年待つ場合もありますので、早めの行動が求められます。

**「家を売却して老人ホームへ」という選択肢は、現実的なリスクと向き合いながらも、老後の生活の安心を手に入れるための一つの手段**です。

自分が希望する施設に入居し、充実した老後生活を送るためには、十分な準備と計画が必要です。波平とフネにとっても、今後の生活をどう設計するか、じっくりと話し合うべき時期が訪れています。

ケース3　一戸建て住宅で起こる孤独死

フネが腰の治療で入院することになり、波平はこの数週間、一人で生活を送ることになりました。広い一戸建てにぽつんと一人で過ごす日々は、波平にとって初めての経験です。

「静かだな……。」

波平は新聞を広げながら独り言をつぶやきましたが、返事をしてくれる人がいないことに少し寂しさを感じました。

いつもは隣でフネが話しかけてくれていますが、今は誰もいません。

心配になったサザエが実家を訪れました。

玄関のチャイムを押しても応答がなく、サザエが声を上げます。

「なんだ、そんなに大きな声を出さなくても聞こえるぞ。」

「お父さん、元気だった？　心配したのよ。玄関の掃除もできていないし、チャイムを押しても反応がないから。」

波平はバツが悪そうに応えました。

「まあな、母さんがいないと掃除にまで手が回らないんだ。このところ足腰が少し痛くてな……。」

サザエは波平の表情を見て、さらに心配になりました。

「お父さん、一人でここに暮らすのは無理があるんじゃない？　もし何かあったらどうするの？　最近は孤独死のニュースもよく見るわよ。」

波平は少し驚いた様子で言葉を返しました。

「孤独死だと？　ワシにはまだ早い話だ。」

「お父さんの気持ちはわかるけど、そういう人たちも最初はそう思ってたのよ。近所付き合いも減って、誰にも気づいてもらえないっていうのが一番怖いわ。」

波平は黙ってうなずきました。

そしてふと思い出します。最近、近所の一戸建てに住んでいる男性が数日間誰にも連絡がつかず、発見されたのは亡くなってから数週間後で、警察が来て騒然としていました。

葬儀が終わった後も、遺族が遺品整理や家の清掃で苦労している姿を目にした波平。

「あのようなことを子どもたちに経験させたくない。」と強く思ったのでした。

「ふむ……確かにな。家族がそばにいないときに何かがあったら、それは心配だな。」

サザエは優しく笑いながら言いました。

「お父さん、孤独死なんて言葉を聞くだけでも嫌だと思うけど、備えがあれば防げることだってたくさんあるわよ。無理しないで、私たちも頼ってね。」

その夜、波平は一人で広い家で、初めて「この家で一人きりで何かがあったらどうなるのか」を真剣に考えました。

波平とフネが住む世田谷の一戸建て住宅。

子どもたちが巣立った後も、夫婦二人で暮らし始めた当初は、まだ家族の気配が残る温かい空間でした。

しかし、波平が先に亡くなった場合や、フネが体調を崩して入院した場合など、一人きりでこの家に住み続けることを想像すると、不安がよぎります。

**一戸建て住宅で独居生活を続ける中で、孤独死のリスクが現実のものにな**

**る可能性がある**からです。

一戸建て住宅は、マンションでいう共有部分がなく管理人もいないという意味でプライバシーが守られていますが、周囲からの視線が届きにくいため、異変が起きても発見が遅れることがあります。

たとえば、波平が一人で生活する場合、数日間も郵便物がたまっても、近隣住民がすぐに異変を察知することは難しいかもしれません。

また、フネも最近は階段の昇り降りがきつくなり、必要最低限の部屋しか使わなくなっているため、家全体を活用しているとはいえません。

これがさらに孤独感を深め、家が「安心」ではなく「負担」に感じられる原因になってしまうことも。

一戸建て住宅での孤独死を防ぐためには、どのような対策が必要なのでしょうか？　波平とフネが検討しているのは、以下の方法です。

### 見守りサービスの導入

**自治体や民間のサービスを利用して、定期的な安否確認を受ける**ことで、万が一の場合にも迅速に対応してもらえます。特に、家族が遠方に住んでいる場合、このようなサービスが心の支えになります。

### 住み替えの検討

波平とフネは、**世田谷の一戸建てを売却して高齢者向けマンションやサービス付き高齢者住宅（サ高住）に入居する選択肢**も考えています。これにより、生活の負担が軽減されるだけでなく、住民同士の交流やスタッフの見守りを受けられる環境で生活することができます。

### 地域や家族とのつながりを強化

**地域活動への参加や近隣住民との関係構築**を通じて、孤立を防ぐことも重要です。波平は、最近町内会の集まりに積極的に顔を出すようになりました。フネも、近所の茶話会に定期的に参加することで、小さな助け合いの輪を広げています。

一戸建て住宅は家族が集まる場所としての魅力がありますが、高齢になって一人で住むにはリスクが伴うことも事実です。

波平とフネのように、**早い段階で家の将来と自分たちの暮らし方について話し合い、現実的な選択肢を検討することが、孤独死を防ぐための第一歩と**いえるでしょう。

## ケース４　ご近所トラブル。イササカ先生も引っ越した

磯野家にとって隣人であり長年の友人でもあったイササカ先生一家が、ついに家じまいを決意し引っ越しました。

理由はシンプルで、「老後を考えて便利なマンションに移り住む」という

ものでした。

イササカ先生は、「この家を維持するのが難しくなってきた。息子や娘たちも家を出てしまい、この広い家は私たちだけでは持て余してしまう。」と、波平に語っていました。


しかし、イササカ先生の引っ越し後、磯野家の近所では予期せぬ問題が次々と発生しました。

空き家となったイササカ家にしばらく買い手がつかず、庭木が伸び放題になったことで、害虫が大量発生。

さらにその空き家が不法投棄物の置き場となり、ゴミが積み上がっていく事態に。

波平は管理会社に苦情を申し入れましたが「現在のところ具体的な対応の予定はありません。」と冷たく返されるだけでした。


そして、新しい住人が入居すると、別のトラブルが生じました。

新たな住人は若いカップルで、夜遅くまで友人たちと集まり、パーティーを開くことがしばしばありました。その騒音に耐えかねた波平が直接注意をしに行ったところ「昔の常識を押し付けないでください。」と反論され、玄関先で激しい口論に発展しました。

波平はショックを受け「もうこの地域も変わってしまったのか。」と落胆するばかりでした。

また庭先で焚き火をしていた波平も、若い住人たちから「煙が臭い」「洗濯物が干せない」と苦情を受けることがありました。

お互いの価値観や生活スタイルの違いから、小さな摩擦が次第に大きなトラブルへと発展するのを防ぐことは、難しくなっていました。

こうしたトラブルをきっかけに、波平とフネは今後の住まいについて再検討を始めました。子どもたちが独立し、周囲の環境が変わりつつある中で、「この家で老後を迎えることが本当に最適なのか」と考えるようになったのです。

## ご近所トラブルをどう受け止めるべきか

ご近所との関係は、良い時は非常に助けになる反面、一度悪化すると住み続けることそのものがストレスとなります。磯野家のように長年住み続けた家でも、周囲の環境や住民の変化により生活の質が低下してしまうことは珍しくありません。

波平とフネにとって、この家は多くの思い出が詰まった特別な場所です。しかし、その思い出だけでは現在の課題に対応することはできません。**ご近所トラブルの解決は地域全体の課題であり、個人で対応しきれない場合には住み替えなどの選択肢を検討することも、老後の生活をより快適にするための重要な一歩**です。

column

## 世田谷立てこもり事件

二〇一二年十月十日、東京都世田谷区で衝撃的な立てこもり事件が発生しました。八十代の女性Aさんが日本刀を振り回し、七十代の男性Bさんを切りつけた後、自宅に立てこもったのです。被害者であるBさんは重傷を負ったもの、命に別状はありませんでした。

事件の発端は、日頃からAさんとBさんとの間で続いていた近隣トラブルでした。近隣住民によると、Aさんは以前から孤立しており、周囲とのコミュニケーションがうまくいかない様子が見受けられました。AさんとBさんの両家の境界線を走る私道に、Aさんが趣味の鉢植えを置いたのに対し、Bさんが何度も注意していましたが、AさんはBさんの注意を無視して放っておいたことから、口論などいさかいが絶えずエスカレートしたようです。Bさんが刀を持ち出したり、AさんがBさんに体当たりしたり、農薬をかけたりしたなど、様々ないざこざの話があったといわれています。事件当日、口論がエスカレートし、Aさんは自宅にあった日本刀を手に取ってBさんを切りつけ、立てこもりました。その後、警察との交渉が数時間続きました。

結局のところ、Aさんは警察の説得に応じ、無事確保されました。しかし、この事件は高齢者の孤独やストレス、さらには認知機能の低下が引き金となった可能性が指摘され、社会的な問題として注目されました。

事件は、高齢者が社会的に孤立していた状況や、何気ないトラブルによるストレスが原因となったようです。最近では、日常生活における小さなトラブルが暴力事件にエスカレートするケースが増えています。

また、認知症や軽度認知障害（MCI）により判断力が低下したり、感情の制御が難しくなったりすることで、近隣住民とのトラブルに発展することもあるようです。

こうした悲劇を防ぐためには、高齢者が孤立しないよう地域で見守る仕組みや、心理的なサポートが必要です。また、近隣トラブルを防ぐための相談窓口や、地域コミュニティでの交流の場を設けることも効果的な対策といえるでしょう。当事者が自身のストレスや健康問題に早期に気づき、地域で支援することで、社会全体の安全を守ることができます。

家じまいを進める中で、住環境を整え、孤立を避ける工夫を取り入れることは、今後の問題の予防にも繋がるのではないでしょうか。

## ケース5　詐欺や強盗が怖いので雨戸を閉め切ると

波平とフネが住む一戸建て住宅では、防犯のために雨戸を閉め切る生活が習慣となりつつあります。**一戸建て住宅はマンションにくらべ、侵入経路が多く、侵入窃盗犯にとっては格好のターゲット**です。

ニュースで報じられるような高齢者を狙った詐欺や侵入窃盗の被害が増える中、波平は「何かあってからでは遅い」と、留守中はもちろん在宅中でも雨戸を閉めることを徹底しています。しかし、この対策が新たなリスクを生んでいることに気づきませんでした。

### 雨戸を閉め切るリスク

**雨戸を閉め切る生活は、防犯上の安心感を得る一方で、家の中の生活環境を悪化させる要因**にもなります。

特に夏場には、換気不足から室温が急上昇し、熱中症の危険が高まります。

近年、熱中症による高齢者の死亡例が増加しており、その多くが「閉め切った家」の中で発生しています。波平とフネも、雨戸を閉め切って過ごしている日が多く、フネが「最近家の中にいて頭がぼーっとする」と訴えたことがありました。後に医師から軽度の熱中症だったと指摘され、大きなショックを受けました。

また、雨戸を閉めることで室内が暗くなり、生活動線が見えにくくなります。その結果、小さな段差でつまずいたり、家具に足をぶつけたりと、転倒事故のリスクも高まります。こうした状況が重なると、「安全のための対策」がかえって生活の質を低下させてしまいます。

## 雨戸を閉めても被害に遭う危険性は変わらない

**高齢者だけが住む一戸建て住宅は振り込め詐欺のターゲットになりやすい**ともいわれています。「高齢者だけが住む家」としてマークされた一戸建て住宅ならば、当然狙われます。雨戸を閉め切っていても、電話や訪問で詐欺師は家の中に入り込んできます。波平とフネのところにも一度、銀行員を装った人物が訪問し、口座番号を聞き出そうとしたことがありました。

## マンションの安全性

こうしたリスクを考えると、より一層、一戸建て住宅は「安心な暮らし」を提供するものとはいえません。

マンションのような集合住宅では、防犯設備が整っているケースが多く、オートロックや監視カメラの設置が標準化されています。

また、マンションでは住民同士の目が自然と防犯効果を発揮し、空き巣や侵入窃盗のリスクが低くなる傾向があります。

波平とフネも、一度マンションの見学に出かけた際、こうした防犯体制に驚きを覚えました。フネは「こんなに安全なら、雨戸を閉め切る必要もないわね。」と感心し、波平も「自分たちの状況を考えると、マンションの方が安心かもしれないな。」と漏らしています。

## 家じまいを考えるきっかけに

磯野家にとって一戸建て住宅は、思い出が詰まった大切な場所です。しかし、**老後の生活において本当に重要なのは「快適さ」や「安心感」**です。一戸建て住宅を維持することが、生活の質や安全を損なう原因となるのであれば、家じまいをしてマンションなどの防犯体制が整った住居に移ることは、十分に現実的な選択肢といえるでしょう。

column

### 高齢姉妹「三年間で五千万円以上の被害に」

二〇二四年四月、埼玉県富士見市で高齢者を狙った悪質なリフォーム詐欺の事件が発生しました。被害額が大きかったこの事件は、手口の悪質さでも注目を集めました。この事件では、認知症を患う八十歳と七十八歳の姉妹が、三年間で十六社もの業者から不要なリフォーム工事を勧められ、総額五千万円以上の被害に遭いました。

建築士の調査によれば、姉妹の自宅には「普通は三つあれば十分」とされる床下換気扇が二十〜三十個も取り付けられており、市場価格の十倍以上の金額が請求されていました。わずか十一日間で五回もの契約を結んだ業者もおり、シロアリ駆除や床下調湿といった工事だけで計六百七十三万円を請求されています。これらの不必要な工事は、相場をはるかに上回る価格で行われていたのです。

姉妹は認知症を患っていて、契約の内容や必要性を十分に理解できない状態にありました。そのため、業者に言われるがままに契約を結び続け、自宅が競売される事態にまで陥りました。競売は富士見市の申し立てにより中止されましたが、姉妹は自らが置かれている状況すら理解できていない状態でした。

これは、悪質な業者が高齢者の認知機能や判断力の低下を利用して利益をむさぼる典型的な例です。このような高齢者を狙ったリフォーム詐欺は後を絶ちません。

column

## 表札に不審な記号があれば要注意

高齢者宅を狙った詐欺や強盗犯罪が増加する中で、表札や家の周辺に記された不審な記号で空き巣や特殊詐欺グループにマーキングされていることもあります。実際に被害にあった住宅で不審な記号が確認されており、特に一人暮らしの高齢者宅が狙われやすいといいます。

たとえば、インターフォンの横に小さな矢印が描かれていて、ガスメーターや電気メーターのカバーにチョークで記号が書かれている、また、窓のフレームやポストの隅に「○」「×」などの記号が刻まれていることもあります。これは「留守が多い家」「警戒が緩い家」などの情報を犯罪グループ内で共有するために使われています。

過去の事例では、ポストに「K」と記されたチョーク跡が発見された家が、その後すぐに特殊詐欺の被害に遭いました。別のケースでは、玄関横の壁に「×」の印がつけられた家が数日後に空き巣被害に遭っています。これらの記号は、犯罪グループが「すでに侵入済み」や「侵入困難」といった情報を示すために使用したと考えられています。

こうした手口は、見過ごされやすい小さなサインですが、放置することで犯罪のリスクが高まります。特に一人暮らしの高齢者が狙われる理由として、警戒が緩く、家族や地域との繋がりが希薄であることが挙げられます。犯罪グループによるマーキングは、高齢者の日常生活の中に潜む小さな危険のサインです。不審な記号を見つけたら、すぐに行動を起こし、被害を防ぐことが重要です。

## ケース6　相続が「争続」に！　親子、兄弟間で大もめ

ところで、こんなバッドエンドも考えられます。

「家じまい」を考え始めてから数年が経ち、フネが他界し、元気のなくなってしまった波平。その後すぐに体調を悪くして、あっけなく亡くなってしま

いました。そして、磯野家では**世田谷の一戸建てをはじめとする遺産相続が問題**となりました。

サザエ、カツオ、ワカメの三きょうだいは、それぞれの立場や事情に悩んでいました。思い出が詰まった家と現実的な金銭問題が絡み合い、話はすぐにこじれ始めました。

「この家は、お父さんお母さんが大切にしてきた場所なんだから、売るなんてありえないわ。」

最初に声を上げたのはサザエでした。

サザエは、子どもの頃からの思い出が詰まった家を手放したくないという強い思いを抱いていました。

「でもさ、姉さん、この家を維持するのにどれだけお金がかかるかわかってる？　僕は今の家を引っ越すつもりはないよ。」とカツオが切り出すと、ワカメも話し始めました。

「私も今の仕事が忙しくて、この家に戻ってくるのは無理だわ。でも、思い出のある家を簡単に売るのも嫌だし……。お兄ちゃん、少し考え直せないの？」

カツオは苛立った様子で椅子に座り直しました。「売却したほうが平等に分けられるじゃないか。」

「平等って、あんた、自分の借金を返すために現金が欲しいだけじゃないの？」

「何だと？」カツオは顔を赤くして立ち上がりました。

「もうやめてよ。お父さんとお母さんが亡くなったばかりなのに、こんなことで家族がバラバラになるなんて、二人が聞いたら悲しむわ。」

「この家をどうするか、**お父さんとお母さんが生きている間に決めておいてくれれば、こんなことにならなかった**のに。」

サザエの言葉に、カツオもワカメも一瞬黙りました。確かに、波平とフネは相続について明確な意向を示していませんでした。**家をどうするか、財産をどうするかについて具体的な検討を行っていなかったことが、この「争続」**

**の原因**となったのです。

磯野家のような古い一戸建て住宅は、家族の思い出が詰まった場所です。しかし、波平とフネが亡くなった後、この家を誰が相続するかが問題になるのです。

## 誰も欲しがらない一戸建て住宅

**古い一戸建て住宅は、残された子どもたちにとって魅力的な資産ではありません。**都心でマンションを購入したカツオや、関西にお嫁に行ったワカメにとって、実際に住む不動産としては、世田谷の家に魅力を感じない可能性もあります。カツオやワカメが世田谷の一戸建て住宅を相続した場合、今後この家をどう活用するかが問題になるのです。

不動産は放っておいても、固定資産税や修繕費などの維持費がかかります。親の自宅を相続しても結局は住むことがない子どもの場合、売却を考えることもあります。

しかし、築年数が経過しているなどの条件によっては買い手がつきにくく、想定していた価格で売却できないこともあるのです。

## 分割できない不動産

一戸建て住宅は現金や預金のように簡単に分割して相続することができません。そのため、**遺産分割協議では誰が不動産を相続するかでトラブルになることが多い**のです。

たとえば、相続人がサザエ、カツオ、ワカメの三人の場合、この一軒家を誰が引き継ぐのか、また実質的にどのように平等に分けるのかについて、問題になることがあります。

相続人のうちの一人が家を相続して他の相続人に現金で代償金を払う。

家を売却したお金を三人で分割する。

このどちらかが現実的な方法ですが、どちらにも困難が伴います。

代償金を払うためには現金を準備する必要があり、売却する場合でも全員の同意を得る必要があります。

家に対して強い思いがある相続人がいる場合、こじれて紛争に発展することもあります。

## 裁判にも発展

実家の一戸建て住宅を巡る相続争いが裁判沙汰になるケースも増えています。カツオが実家の一戸建て住宅を相続することにしたものの、サザエやワカメが「不公平だ」と反発することもあります。

また家の売却価格が想定していた価格よりも低くなり、その分配で不満が生じる場合もあります。

**相続トラブルは、相続人同士の関係に大きな影響を与えます。**

## 相続をスムーズに行うための家じまい

相続をスムーズに行い、残された家族間で紛争とならないようにするためには、波平とフネが元気なうちに、この一戸建て住宅をどうするかを考え、整理しておくことが非常に重要です。一戸建て住宅を早めに売却し、現金で保管することで、相続時の分配がスムーズになります。

**家じまいをすることで、子どもたちの負担を軽減させることができる**のです。

## 第2章 めばえ始めた「家じまい」という選択 まとめ

・高齢者だけの暮らしは、老老介護や孤独死のリスクも大きく、外部との繋がりが薄れると、最悪の事態に繋がるケースも。
・詐欺や強盗の被害に遭うリスクが高まる中、雨戸を閉め切るなどの防犯対策は、熱中症などの健康面でのリスクが伴う。
・相続の際は、古い一戸建て住宅は相続人にとって魅力的な資産ではないケースが多く、分割できない不動産は「争続」の原因になることも。
・今の家に住み続けることのリスクを現実的に捉え、専門家に事前に相談することが重要。

# 第3章

# ノリスケ夫婦の生き方

## ——快適さと安全性を備えた住まいを求めて

## ノリスケがマンションを選んだ理由

サザエとマスオは、久しぶりにノリスケ夫婦を訪ねました。ノリスケたちは駅近のマンションに長年暮らしており、その便利さと快適さは以前から聞いていましたが、サザエはなぜマンションを選んだのかが気になっていました。

「いらっしゃい、サザエさん、マスオさん！」ノリスケが笑顔で迎えてくれ、明るく広々としたリビングに通されました。窓から見えるベランダの緑が心地よく、部屋全体がすっきりと整っています。

「本当に素敵なマンションよね。」

サザエが感心したように言いました。

「どうしてマンションを選んだの？　一戸建てに住みたいって思わなかったの？」

ノリスケは少し照れくさそうに笑いながら答えました。

「そりゃ昔は一戸建てに憧れたこともあったけど、実際に住んでみたらマンションの便利さが手放せなくなったんですよ。」

タイコが微笑みながら話に加わります。

「最初はあまり意識していなかったけど、**年を取るにつれて段差がないことや、家全体がバリアフリーだっていうのが本当に助かる**の。お風呂やトイレに手すりがついているのも安心だわ。」

サザエは頷きました。

「それは大事ね。お父さんとお母さんも、一戸建ての段差や階段を気にしているもの。特にお母さんは腰を痛めたとき、動くのが大変そうだったわ。」

ノリスケは窓の外を指しながら続けました。

「それだけじゃないですよ。ここはオートロックだし、防犯カメラもついているから安全なんです。管理人さんが常駐しているし、何かあったときにすぐ相談できるのも心強いですよ。一戸建てだと防犯対策も全部自分でやらなきゃいけないでしょ?」

「そうよね。お父さんもよく、毎晩雨戸を閉めるのが面倒だって言ってたわ。」

サザエは納得したように応えました。

「それに、管理会社がしっかりしているから、共用部分の掃除や修繕は全部任せられるんだ。」

ノリスケはにっこり笑いながら話を続けました。

「一戸建てだと、庭の手入れや屋根の修理で苦労するけど、ここに住んでいるとそんな心配は一切ないんです。おじさんも、庭の雑草抜きが面倒だってぼやいてなかったでしたっけ？」

「そうそう、草むしりが辛いってずっと嘆いていたわね。」

サザエは思い出したように言いました。

タイコも続けます。

「それに、ここは駅まで歩いて五分だし、スーパーや病院も近いんですよ。一戸建てに住んでいたら、車がないと生活が成り立たないけど、ここなら車を手放しても全然困らないの。」

マスオが感心して言いました。

「それは便利ですね。お父さんも、駅までの道を歩くのがだんだん面倒になってきたって言ってましたし、交通の便がいいのは将来を考えると重要ですね。」

サザエは静かに頷きながら言いました。

「お父さんとお母さんにも、こういう選択肢があるのかもしれないわね。住み慣れた一戸建てにずっと住むのもいいけど、マンションに暮らしていたらもっと楽に生活できるんじゃないかしら。」

ノリスケは笑いながら言いました。

「まぁ、住む場所は人それぞれだけど、マンション暮らしの快適さは一度味わうと病みつきになるんですよ。特に年を取ってからは、こういう場所のほうが断然安心と思うな。」

**ノリスケとタイコ夫婦がマンション暮らしを選んだのは、将来の生活を見据えた賢明な選択**です。

一戸建て住宅の魅力もさることながら、**マンションならではの快適性や安**

**全性は、特に高齢者にとって大きな利点**です。
ここでは、マンション生活の実態を具体的に見ていきましょう。

## バリアフリー

階段の昇り降りが必要ないエレベーター完備の建物や、段差の少ないフラットな床、手すりが設置しやすいトイレ・浴室など、**一戸建て住宅にはない配慮**がなされています。メゾネットのような特殊な物件を除くと、階段の昇り降りをしなくてもよいのはありがたいことです。

## 防犯性

**マンションの防犯性は、一戸建て住宅と比べて全体的に優れています**。オートロックのエントランスや防犯カメラ、住民以外の立ち入りを制限する管理体制は、侵入者を防ぐ強力な抑止力となります。

一戸建て住宅とマンションのどちらかを選ぶのであれば、強盗は恐らくマンションをあえてターゲットにはしないでしょう。

## 管理会社が管理をするので負担が少ない

一戸建て住宅では、建物や庭の管理をすべて自分たちで行わなければなりませんが、**マンションでは共有部分の維持管理はプロの管理会社によって行われます。**

たとえば一戸建て住宅で玄関にごみが捨ててあったら、自分で片付けるなどして解決する必要がありますが、マンションであれば管理人にお願いすることができます。

外壁や屋根、エントランスなどは管理人が定期的に清掃してくれます。

もちろん管理費や修繕積立金の負担はありますが、いわゆる「規模のメリット」（同種のものが集まることで単体よりも大きな結果が出せること）があるので同じレベルの管理をする場合には、一戸建て住宅に比べて割安になりますし、定期的に支払っているため急な修繕費の出費は起きにくいです。

### 交通の便がよい

**マンションは駅に近い便利な立地に建てられることが多いため、生活に必要な移動時間や手間を大幅に削減できます。**高齢になっても行動範囲を狭めずに、活動的に暮らせる環境が整っています。

### 災害対策

**マンションは耐震性や防災設備が充実している物件が多く、自然災害への備えが整っています。**一戸建て住宅では自分たちで行わなければならない防災対策も、マンションでは共用部分の設備や管理体制に依存することができます。また、高層階に住めば浸水被害リスクも軽減されます。

## マンションの選び方、見分け方のポイント

波平とフネは、茶の間でお茶を飲みながら、これからの生活について話していました。きっかけは、サザエとマスオがノリスケ夫婦から聞いたマンション生活の話をしてくれたことでした。

「お父さん、サザエたちの話を聞いていると、マンションってずいぶん便利そうじゃありませんか？」

フネが静かに切り出しました。

「うむ、確かにな。ノリスケの話では、段差がないとか、防犯がしっかりしているとか、いろいろ良さそうな点が多かったな。」

波平は顎に手を当て、真剣な表情をしています。

「私たちも、やっぱり一戸建てを手放すことを考えたほうがいいのかもしれませんね。この家は思い出が詰まっているけれど、正直、掃除や庭の手入れが負担になってきましたから。」

フネは少し寂しそうな顔をしましたが、その目には現実を見据える決意もありました。

「そうだな。この家を守り続けるのもいいが、暮らしの負担が減るなら、新しい場所に移るのも一つの手かもしれん。」

波平は頷きながら応えました。

「でも、お父さん、マンションを選ぶといっても、どうやって良いマンションを見つけたらいいのかしら。失敗したら大変だわ。」フネは少し不安そうです。

「うむ、確かにそうだな。それについては、ノリスケたちの話を参考にすればよいだろう。マスオ君がポイントを教えてくれたぞ。」

波平は少し得意げに話し始めました。

「まず、**バリアフリー設計になっているかどうか**だ。段差がなく、エレベーターが広いことが大事だと言っていたな。エレベーターが狭ければ、車椅子や荷物を運ぶときに困るらしい。」

「それは確かに重要ですね。お風呂やトイレに手すりがついているかどうかも確認したいですね。」と、フネが続けます。

「次に、**防犯対策**だ。オートロックがあるか、防犯カメラが設置されているか、管理人が常駐しているか。これらが揃っているマンションなら、安心して暮らせるだろう。」

「そうですね。一戸建てだと、鍵をかけても不安なことがありますものね。」

フネも深く頷きました。

「それから、**管理会社の質**も大事だ。共用部分の掃除や修繕がきちんと行われているか、過去にトラブルがなかったか調べるといいらしい。ノリスケも管理会社の質が高いところを選んだから、快適に暮らせていると言っていたらしいぞ。」

「そういえば、前に庭の手入れが辛いとおっしゃっていましたね。家の管理が楽になるのは助かりますね。」

フネは少し笑いました。

「あとは**交通の便が重要**だな。駅やバス停が近いかどうか、スーパーや病院が徒歩圏内にあるか。年を取ると車に頼らない生活が必要になるからな。」

「確かに。お父さん、最近は駅までの道が億劫だとおっしゃっていましたね。」

フネは波平をからかうように笑いました。

「最後に**階数**だな。上層階の眺めは魅力的だが、地震のときやエレベーターが止まった場合を考えると、中層階が無難だとマスオ君が言っていたぞ。」

「そうですね。私たちの年齢では、あまり高いところに住むのは大変そうですね。」

フネは真剣に頷きます。

二人はしばらく黙り込んで考え込んでいましたが、やがて波平が静かに口を開きました。「やはり一度見学に行ってみるべきだな。百聞は一見にしかずだ。」

「そうですね、お父さん。いろいろ考えすぎて動けなくなるより、まずは行動してみることですね。」

フネは笑顔で応えました。


こうして、波平とフネは、新しい住まいへの一歩を踏み出すための準備を始めることになりました。

波平とフネが長年住み慣れた一戸建て住宅を離れて、マンションへの住み替えを考えたとき、最も重要なのは「**老後の暮らしに合ったマンションを選ぶこと**」です。

マンションといってもいろいろな条件のものがありますが、波平とフネのような高齢者が選ぶにはどのような特徴を持ったマンションを選んだらよいのでしょうか。

## バリアフリー設計が必須

**マンション内のバリアフリー設計は、高齢者が重視すべき最重要項目**です。段差の少ないフラットな設計や、エレベーターが完備されていることなどは、生活の快適さに直結します。

**トイレに手すりが設置可能なスペースがあることも重要**です。

浴室暖房も高齢者に人気の設備のようです。

フネは「体力が落ちても安心して暮らせる家がいいわね。」と話しており、将来的には車いすを使う可能性もあるので、玄関先に車いすを置くことができるスペースがあるかどうかも確認しているようです。

## 生活の質を考慮した立地条件

高齢者にとって、立地条件は生活のしやすさを大きく左右します。駅やバス停、病院、スーパー、銀行といった、**生活に必要な施設へのアクセスが良い場所を選ぶことが重要**です。

歩いてすぐに買い物ができる環境や、公共交通機関を利用しやすい場所であれば、車も必要なくなります。

波平も「最寄り駅まで十分以内だと助かるな。」と話し、フネも「病院や薬局が近いと安心ですね。」と応えています。

## 防犯性が高い物件を選ぶ

オートロックシステムや監視カメラが設置されているマンションは、セキュリティ面で安心です。特に**エントランスから住戸までの動線が防犯上安全かどうか**（住民以外が立ち入り困難な設計になっているかどうか）を確認しましょう。

波平も「一戸建て住宅だと泥棒が心配だったが、マンションなら安心だな。」と、防犯設備に思わず納得しているようです。

## 管理体制と修繕計画の充実度

**マンションの管理体制は、暮らしの快適さに直結します。**管理会社が信頼できるかどうか、共有部分の清掃や修繕が適切に行われているかも重要です。さらに、長期修繕計画がしっかり立てられているかも確認したいところです。

年金生活者にとって負担のない管理費修繕積立金の額になっているかどうかも気になります。

フネは「管理費が多少高くても、しっかり管理されているほうが安心ね。」と話しており、管理人が常駐しているマンションを気に入っているようです。

## 住民の雰囲気を確認する

**マンション住民の属性は、住み心地に大きな影響を与えます。**

高齢者が多く住んでいるマンションは、共通の話題を持つ住民が多く、孤立しにくい環境になっているでしょう。

生活音や生活リズムの違いなども気になります。

波平とフネは「近所付き合いが負担にならない程度の距離感がちょうどいい」と考え、同世代の住人が多い物件を選んでみることにしたようです。

## 災害リスクに備える

**マンションの耐震性や防災設備も確認しておきましょう。**

災害時に停電や断水が発生することを考え、非常電源や備蓄倉庫も確認しておいた方が安心です。地形によっては浸水リスクもあるため、できれば中層階以上を選ぶことが賢明です。

## 資産価値も視野に入れる

**老後の住まいを検討するうえで、資産価値も考慮するべきポイント**です。

立地が良く、管理体制がしっかりしているマンションは、将来の売却や相続の際にも有利です。

フネは「子どもたちに迷惑をかけたくないから、資産価値がある物件を選びたいわね。」と話し、資産価値が下がりにくいエリアや物件を検討しています。

**マンション選びは、老後の生活をより豊かにするための重要なステップ**です。

波平とフネのように、自分たちの体力や生活スタイル、将来のリスクを見据えて選ぶことが、安心で快適な暮らしにつながります。

## 新築か中古か、築年数は何年までか

波平とフネは、マンションへの引っ越しを現実的に考え始め、次は「**新築がいいのか、それとも中古で十分なのか**」という問題に話題が移りました。

二人は茶の間でくつろぎながら、これからの暮らしを想像していました。

「母さんや、新築のマンションというのはどうなんだろうな。やはり、新しいものは気持ちが良いものだ。」

波平がふと話を切り出しました。

「そうですね、新築だとピカピカの状態で住み始められるから魅力的ですね。でも、お父さん、新築にはデメリットもありますでしょう?」

フネはお茶を飲みながら応えました。

波平は少し考え込んでから、話を続けます。

「確かにそうだな。新築は価格が高いと聞くし、入居してから価値が下がるのが早いとも言う。それに、駅近で新築を探すのは難しいかもしれん。」

フネも頷きます。

「そうですね。新築は便利な場所に建つことが少ないから、どうしても交通の便が犠牲になりがちですね。それに、私たちはそんなに長く住むわけではないでしょう？　そう考えると、価値の下落を気にする必要がありますわ。」

「なるほどな。確かに、新築にこだわる必要はないのかもしれん。」

波平は腕を組みながら続けました。

「だが、新築は最新の設備が整っているのが大きな魅力だとも思う。特にバリアフリー設計や最新の防犯設備なんかは、我々のような年寄りにはありがたいだろう。」

「そうですね。でも、お父さん、最近の中古マンションでも、リフォームやリノベーションがしっかりされていれば、新築に負けないくらい快適だって聞きますわ。」

フネは少し前に見たテレビ番組の話を思い出して言いました。

波平はその言葉に頷きながら言いました。

「うむ。中古マンションなら、築十年から二十年くらいまでのものを選べば、建物自体もまだしっかりしているだろうし、価格も新築よりはずっと抑えられるだろう。」

「そうですね。それに、築十年以上のマンションは、実際に住んでいる人たちの評判も調べやすいですね。管理状況がどうかとか、周りの住民がどんな人たちなのかもわかりますもの。」

フネは安心した様子で話を続けます。

波平は笑顔で応えました。

「それは確かに大事だな。せっかく引っ越しても、住民のマナーが悪かったり、管理がずさんだったりしたら台無しだ。中古のほうが、そういう情報を事前に確認しやすいというのはメリットだな。」

「でも、新築もやっぱり魅力的ですね。何もかも新しい状態で住み始められるのは、気分がいいものですわ。」フネは少し迷いながら言いました。

「まあ、そうだが、我々のように年齢を重ねた者が、新築に住む必要がどれほどあるかは慎重に考えたほうがいいかもしれんな。それに、中古マンションなら、リフォームで自分たちに合った仕様に変えることもできる。それも悪くない選択だ。」

フネは深く頷きました。

「お父さん、たしかにそのとおりですね。リフォームで自分たちに最適な住まいを作るのも素敵ですわ。新築にこだわらず、築年数が比較的新しい中古マンションも選択肢に入れて探してみましょう。」

「そうだな。まずは新築と中古、両方の物件を見て回ることが大事だな。実際に見て感じてみれば、どちらが自分たちに合っているかわかるだろう。」

波平は微笑みながら、フネの提案に同意しました。

**新築か中古か。築年数は何年までのものを選ぶのか。マンションを購入する際、「新築か中古か」は大きな判断ポイント**です。

新築物件は最新の設備が魅力的で、中古物件は価格面でのメリットがあります。

高齢夫婦にとっては「築年数」だけでなく、住み心地や生活に直結する他の要素も重要です。波平とフネも、「どちらが本当に自分たちに合っているのか」を慎重に考えることにしました。

## 新築の魅力と落とし穴

新築マンションは、最新の設備やバリアフリー設計が標準装備されている場合が多く、高齢者にとって非常に住みやすい環境です。

波平は「新しい設備なら、膝にかかる負担の少ない生活が送れるな。」と考えています。

住み始める人がこれから新しいコミュニティを築くため、住民同士のトラブルが早々には起きにくいという点も魅力です。

しかし、新築は価格が高く、波平も「年金生活を考えると、少し背伸びをすることになるな。」と感じていました。

また、新興住宅地などに建てられる物件の場合、周辺環境がまだ整っておらず、買い物や医療機関の利用において不便なこともあります。

## 中古物件の魅力

**中古マンションの最大の魅力は、手頃な価格と選択肢の広さ**です。

築年数が経った物件でも、しっかりと管理していれば問題なく快適に住むことができます。

フネも「周囲の環境が整っていて、駅や病院が近い場所に住むほうが安心だわ。」と話しています。

さらに、**中古物件はエリアや立地条件がすでに確立されており、周辺住民の雰囲気も事前に確認できます**。これにより「今後の生活がイメージしやすい」という点が高齢者には有益です。

ただし、古いマンションは修繕やリフォームが必要になる可能性が高く、購入後のコストについて注意が必要です。自分たちが希望する住環境を整えるために必要な修繕費やリフォーム代を負担する余裕があるのか、現在の資産状況を確認する必要があります。

## 築年数以外で注目すべきポイント

築年数だけで物件を判断するのではなく、以下のような点を重視することも大切です。

- **室内の設備等は充実しているか**
- **自分の要望に沿った改装は可能か**
- **共有部分の設備は古くないか**
- **生活環境は整っているか（衰退した住宅街ではないか）**

## 新築・中古の決め手はライフスタイル

**マンション選びの最終的な判断は、ライフスタイルや生活の優先事項を基準にして慎重に行うべき**です。

新築物件なら最新の快適さを享受でき、中古物件なら便利な立地や広さを選ぶことが可能です。

高齢者には、医療機関やスーパーへのアクセス、エレベーターの有無、バリアフリー対応、近隣の治安などが気になるところでしょう。

波平は「無理に新しいものにこだわらず、自分たちが安心して暮らせる環境を重視したい。」と話し、フネも「手頃な価格で、子どもたちにも迷惑をかけない選択肢を探したい。」と言っているようです。

**築年数や新築・中古という表面的な違いだけでなく、管理や周辺環境、ライフスタイルに適した条件をしっかりと考えること**が、高齢者が住まい選びで後悔しないための秘訣です。冷静な視点で自分たちの未来の暮らしを考えることが必要となります。

## 管理会社の管理の質もチェック

波平とフネが引っ越し先として検討しているマンションのパンフレットを眺めていると「お父さん、お母さん、マンションを選ぶときは管理会社の質も大事よ。」と、サザエがやってきて資料を覗き込みながら口を開きました。

波平は首をかしげながら尋ねました。「管理会社の質だと？　それはどういうことだ？」

サザエはパンフレットを指しながら「たとえば、共用部分の清掃や修繕の頻度、防犯設備の点検がしっかり行われているかとか。管理がしっかりしていると住み心地が全然違うのよ。」

フネは静かに頷きながら言いました。「たしかに、住んでから問題が起きたら困るものね。管理会社がちゃんと働いているか確認するのは大事だわ。」

「そう。評判や実績を調べて、実際に住んでいる人の声を聞くのもいいわね。」

波平は資料を手に取りながら、「なるほど。家じまいをした後の新しい生活を安心して過ごすためには、管理会社の質をしっかり確認しておかねばならんな。」と納得した様子で頷きました。

**マンションの住み心地や資産価値は、建物の状態だけでなく、管理会社の運営体制によって大きく左右されます。**

管理会社による建物の管理が適切に機能していれば、共有部分が清潔に保たれます。

しかし、管理の質が低ければ、生活環境が悪くなるだけでなく、物件の資産価値が下がる可能性もあります。

波平とフネも、「信頼できる管理会社が担当しているマンション」を選ぶことの重要性を認識しました。

## 管理会社が果たす役割

**管理会社の主な仕事は、マンションの共有部分の維持管理や修繕計画の実施、住民間のトラブル対応**です。

エントランスや歩道、ゴミ置き場の清掃が適切に行われているかどうかは、管理会社の質いかんに関わってきます。

定期的な修繕工事を計画的に行うことも、建物の老朽化を防ぎ、長く快適に住むうえで大切ですが、ここでも管理会社のサポートを受けることが重要です。適切な修繕が定期的になされていれば、マンションの資産価値も維持され、価格の下落を防ぐことができます。

波平は「エントランスがいつもきれいだと気持ちいいし、安心して住めるな。」と話しています。

## 管理会社の質が低いとどうなる？

管理会社の質が低いと、様々な問題が発生します。

たとえば、共有部分の清掃が行き届いていないと、マンション全体が荒れた印象を与え、住民のモラルも低下します。

建物が急速に老朽化し、大規模な修繕が必要になった際に住民が過大な費用を負担することになります。

フネも「長く住むなら、管理会社の質が低いと苦労するわね。」と思っているようです。

## 管理会社の質を見極めるポイント

管理会社の質を見極めるには、以下の点を確認することが重要です。

・**清掃の状況**：エントランスや廊下、ゴミ置き場など共有部分が清潔に保たれているかどうか
・**管理人の対応**：常駐管理人がいる場合、その対応が丁寧で迅速かどうか。管理人がいない場合は、巡回頻度が適切かどうか
・**修繕計画**：長期修繕計画が立てられているかどうかその内容が現実的で住民の負担が適切であるかどうか
・**管理費**：管理費が桁違いに高かったり逆に低すぎたりしないか

波平とフネも、「管理人さんがいつもいると安心だし、修繕計画がしっかりしていると、長く住むうえで心配ない。」と管理体制のチェックを重視しています。

## 管理の良し悪しは資産価値にも影響

管理が行き届いたマンションは、資産価値が下がりにくい傾向にあります。逆に管理がずさんなマンションは、売却時の価格が下がるだけでなく、そ

もそも買い手が見つかりにくいこともあります。

特に高齢者が購入する場合は、相続や売却を考えると、管理の質は将来的に重要な要素です。

フネは「もし子どもたちが相続することになっても、管理の良いマンションならトラブルにならないわね。」と話し、管理体制の重要性を理解しました。

## 住民の協力も必要

**管理会社の質が良くても、住民自身がルールを守らなければ快適な暮らしを維持することはできません。**

管理組合がしっかりと機能しているマンションでは、住民が協力し合い、建物や住環境の改善に取り組む姿勢が見られます。

波平は「住民の意識が高いマンションなら、安心して暮らせそうだな。」と話していました。

**高齢夫婦にとって、管理会社の質や住民の意識の高さは安心して暮らせるマンションを選ぶための重要な判断基準**です。

波平とフネのように、物件そのものだけでなく、管理体制や住民の意識も参考にして、快適な老後を過ごせる住まいを選びましょう。

## 高齢者住宅も動けるうちに見ておこう

### 有料老人ホーム

波平とフネが茶の間でマンションのチラシを眺めていると、玄関からワカメの明るい声が聞こえてきました。

「お父さん、お母さん！」

ワカメが手土産のケーキを持ってやってきたのです。

「おお、ワカメ。久しぶりじゃないか。」波平が笑顔で迎えると、フネもお茶を準備しながら尋ねました。

「最近忙しいのね。今日はどうしたの？」

「少し時間ができたから様子を見に来たのよ。それに、二人がマンションへの引っ越しを検討しているってお姉ちゃんから聞いたから、ちょっと気になって。」

ワカメはテーブルに座り、二人が見ていたマンションのチラシを興味深そうに覗き込みました。

「お父さんもお母さんも、ついに引っ越しを考え始めたのね。でも、マンションだけじゃなくて、他の選択肢も考えてみたら？」

ワカメの一言に、波平は少し驚いた顔をしました。

「他の選択肢だと？　マンション以外に何があるんだ？」

「最近、友達のご両親が有料老人ホームに入ったのよ。」ワカメは真剣な表情で話し始めました。

「お父さんたち、有料老人ホームって聞いたことある？」

フネは少し首を傾げながら答えました。

「聞いたことはあるけど、詳しくは知らないわね。お友達のご両親がそこに入ったの？」

「そう。最近少し体が弱ってきたから、早めに準備しておこうと思ったんですって。」ワカメは続けます。

「有料老人ホームにはいろいろな種類があるのよ。たとえば、住宅型有料老人ホームと介護付き有料老人ホームの違い、ちゃんと知ってる？」

波平は興味深そうに頷きました。

「そういえば、名前は聞いたことがあるが、具体的にどう違うのかは知らんな。」

ワカメはお茶を一口飲んでから説明を始めました。

「**住宅型有料老人ホームは、基本的には元気なうちに入るところ**なの。介護サービスは外部の業者と契約して受ける形だから、自分で自由に生活したい人に向いているわ。」

「なるほど、自立している人向けか。」波平はメモを取り出して書き込んでいます。

「**介護付き有料老人ホームは、施設内で介護サービスが受けられる**のが特徴なの。介護が必要になったときも安心して暮らせるのよ。」

「それなら、介護付き有料老人ホームの方が安心なんじゃない？」フネが少し心配そうに口を挟みました。

「そうね。でも、介護付き有料老人ホームは入居費用が高い場合もあるの。だから、お父さんたちがどんな生活を望むかで選ぶのが大事よ。」ワカメは優しく答えました。

「費用か……。」波平は少し考え込みました。

「それにしても、お友達のご両親はどうしてそこに入ったんだ？」

「友達の話だと、家の管理が負担になったのと、もしものときに助けてもらえる環境を作りたかったからだって。施設に入ったことで、友達も安心したみたいよ。」

フネは静かに頷きました。

「確かに、もしものときにすぐ助けてもらえるのは大きいわね。でも、施設の雰囲気とか、実際にどんな生活ができるのかも見てみないとわからないわね。」

「そうよ、お母さん。だから、動けるうちにいくつか見学しておくのがいいのよ。友達のご両親も、『もっと早く見ておけばよかった』って言っているらしいわよ。」

波平は腕を組みながら言いました。

「なるほどな。マンションも魅力的だが、こういう施設も一度見てみる価値はありそうだ。」

「そうね、お父さん。まずは見学して、自分たちに合う場所を探してみましょう。」フネも笑顔で応えました。

ワカメは安心したように微笑みながら言いました。

「そうよ。焦らずにいろいろな選択肢を考えてみて。きっとお父さんたちにぴったりの住まいが見つかると思うわ。」


高齢者の住まいの選択肢としては、有料老人ホームも検討すべきです。年齢を重ね、身体機能や認知機能が衰える前に情報収集や見学をしておくことで、将来の不安を軽減することができます。

有料老人ホームには大きく分けて「健康型」、「住宅型」、「介護付き」の3つのタイプがあり、それぞれの特徴があります。

波平たちも「どのタイプが私たちに適しているのか早めに知りたい」と考え、具体的な検討を始めました。

## 健康型有料老人ホーム

**「健康型」は、自立して生活できる高齢者を対象とした施設**です。

基本的には元気なうちに入居し、趣味や交流を楽しむことを目的としている施設です。レジャーやイベントを楽しむための部屋や設備、豊富なアクティビティが用意されています。

波平は「毎日囲碁やゴルフができるなんて魅力的だな。」と興味を示していました。

ただし健康型のホームは介護サービスを提供しないため、身体機能や認知機能の状態が悪化した場合には退去を求められることもあります。

## 住宅型有料老人ホーム

**「住宅型」は、日常における生活援助や緊急時の対応、レクリエーションなどのサービスといった生活支援などのサービスが付いた高齢者向けの居住施**

**設**で、介護が必要な場合は訪問介護や通所介護など外部サービスを利用しながら生活することができます。

波平とフネも「まだ自分たちで身の回りのことはできるけど、いざというとき助けてくれる人がいると安心だね。」と話し、住宅型のメリットを感じていました。

追加費用が発生することが多いため、事前に費用の見積りを確認することが大切です。

## 介護付き有料老人ホーム

**「介護付き」は、介護が必要な高齢者を対象に、24時間体制で介護サービスを提供する施設**です。

日常生活全般をスタッフがサポートするため、身体や認知機能に不安がある場合でも安心して入居できます。設備やサービス、介護体制など、様々な特徴がある施設が多いため、選択肢の幅が広いのが特徴です。

## 有料老人ホームの種類

| 施設の種類 | | 健康型有料老人ホーム | 住宅型有料老人ホーム | 介護付有料老人ホーム（入居時自立型） | 介護付有料老人ホーム（介護専用型） | 介護付有料老人ホーム（混合型） |
|---|---|---|---|---|---|---|
| 入居対象者 | 自立 | ○ | ○ | ○ | × | ○ |
| | 要支援 | × | ○ | × | ×※1 | ○ |
| | 要介護 | × | ○ | × | ○ | ○ |
| 入居時の費用 | | 0円～数億円を超えるものまで幅広い※2 | | | | |
| 月額利用料（目安） | | 15～30万円程度 | 15～30万円程度（介護サービス費がかかる場合は別途） | 15～30万円程度 | 15～30万円程度 | 15～30万円程度 |
| 付帯サービス | 食事 | ○ | ○ | ○ | ○ | ○ |
| | 緊急時の対応 | ○ | ○ | ○ | ○ | ○ |
| | 介護サービス | × | ×（外部サービスを利用） | ○ | ○ | ○ |
| 終の住処になる | | × | △ | ○ | ○ | ○ |

ライフスタイルや健康状態に合った施設を
選ぶことで老後の安心に

※1　「介護型」の場合は○。
※2　入居時の費用は、あくまでも目安。各施設により異なる。

介護が必要になった場合でも、身体機能や認知機能の状態に合わせた介護サービスを受けることができ、可能な限り自立した日常生活を送ることができます。

波平は「もし介護が必要になっても、ここなら安心して生活できるだろう。」と安心したようです。

このタイプの有料老人ホームは、要介護認定を受けている方が対象であることが多く、入居条件を満たす必要があります。

また、費用が他のタイプと比べて高額になる傾向があります。

フネは「少し負担が大きいですが、確実なケアが受けられるのは魅力ね。」と感じているようです。

## 動けるうちに選んだほうが良い理由

有料老人ホームを選ぶ際には、**実際の施設を訪問し、設備や雰囲気、スタッフの対応を確認することが大切**です。また、**早めに選ぶことで、家族との協**

**議や費用の準備もスムーズに進められます。**

フネは「子どもたちに負担をかけないためにも、自分たちで決めるのが一番ね。」と話しています。

有料老人ホームは、高齢者の生活を守るための重要な選択肢です。それぞれのタイプの特徴を見極め、自分たちのライフスタイルや健康状態に合った施設を選ぶことが、安心できる老後につながります。

波平とフネのように、元気なうちから準備を始めることで、将来への不安を軽減し、より良い選択をしたいですね。

## 様々なサービスが受けられるサ高住

**高齢者の新しい住まいの選択肢として、「サービス付き高齢者向け住宅（サ高住）」が注目されています。**

サ高住は、賃貸住宅としての機能に加えて、高齢者の生活をサポートするタイプのものです。元気なうちは自立した生活を続けながら、必要な支援を受けられる環境が整っています。

波平とフネも、「サ高住なら老後の不安が少し減りそうですね。」と関心を寄せていました。

## サ高住の基本的な特徴

サ高住は、高齢者が安心して暮らせる環境を提供することを目的とした住宅です。**賃貸形式であるため、入居時の初期費用が比較的低く抑えられる点が特徴**です。

これにより、「まだ自立して生活できるけど、いざというときのために備えたい」というニーズに対応します。

波平も「初期費用を抑えて使えるなら、経済的な負担が少なくて助かるな。」とメリットを感じていました。

## 生活支援サービスが充実

サ高住では、多彩なサービスが提供されています。具体的には、以下のようなサポートがあります。

・**見守りサービス**：定期的な安否確認や緊急時対応
・**食事の提供**：バランスの取れた食事を毎日提供してくれるプランが多い
・**清掃や洗濯サービス**：家事の負担を軽減するためのサポート
・**相談窓口**：健康や生活に関する悩みを気軽に相談できる窓口を用意

フネは「掃除や食事の準備をサポートしてくれるなら、老後の暮らしがなんだか楽になりそう。」と期待していました。

## 介護サービスも利用可能

**サ高住は、必要に応じて外部の介護サービスを利用することが可能**です。

健康型有料老人ホームの場合、介護が必要になった際には退去して他の施設へ移らなくてはなりません。

一方、サ高住は軽度の要介護者も入居できるため、介護が必要になっても外部のサービスを利用しながら暮らし続けることができます。

介護が必要な場合には、併設のデイサービスや訪問介護を活用できる施設も多く、高齢者が住み慣れた環境でサポートを受けられるのが大きな魅力です。

波平は「もし身体が弱くなっても、引っ越さなくて大丈夫なら安心だな。」と将来の介護を見据えて、サ高住の仕組みに納得しました。

## プライバシーと自由な暮らし

**サ高住は、従来の老人ホームとは異なり、個人のプライバシーが確保された「自分の住まい」として設計されています。**

個室が用意されているため、自分のペースで自由に生活できます。

サポートが必要な場合には、スタッフがすぐに対応してくれるため、安心感があります。

フネも「自分たちの生活リズムを守りながら、いざというときに助けてもらえるのは理想的ね。」とその仕組みに魅力を感じました。

## 選ぶときのポイント

サ高住を選ぶ際には、以下の点をチェックするとよいでしょう。

**場所**：病院やスーパーが近く、アクセスが便利な場所かどうか
**サービス**：食事や介護サービスの質や内容
**費用**：家賃やサービス利用料、管理費など無理のない範囲かどうか
**雰囲気**：実際に見学し、施設の清潔さやスタッフの対応

波平とフネも「実際に見学して、しっかりした雰囲気を見極めたいね。」と話し合い、さっそく施設見学の予約をとりました。

### サ高住のメリットと注意点

**サ高住の最大のメリットは、自立した生活と必要なサポートが両立できる点**です。

賃貸形式であるため、状況に応じて引っ越しを検討しやすい柔軟性もあります。

他方で、施設ごとに提供されるサービスの内容や質に差があるため、事前の調査が必要です。

**サ高住は、元気なうちから安心した暮らしを求める方にとって魅力的な選択肢**です。波平とフネのように、身体が動くうちに情報を集め、将来に向けた安心を手に入れるための準備を始めましょう。

## シニア向け分譲マンション

**高齢者の住まいの選択肢として注目を集めているのが、シニア向け分譲マ**

**ンションです**。高齢者のライフスタイルや健康を慎重に検討して設計されており、一般的な分譲マンションにはない多くのメリットがあります。

波平とフネも「自分の老後を見据えた住まいを購入するなら、シニア向け分譲マンションが良いかもしれませんね。」と興味を持っています。

## シニア向け分譲マンションの特徴

シニア向け分譲マンションは、高齢者の暮らしを快適かつ安心にするために設計されています。主な特徴には以下のようなものがあります。

- **バリアフリー設計**：すべての居住空間が段差のない構造になっており、車椅子でも移動しやすい
- **緊急時対応**：各部屋に緊急通報ボタンが設置されており、いざという時に迅速な対応が可能
- **医療と介護の連携**：マンションと提携する医療機関や介護施設があり、必要なサポートをすぐに受けられる

・**共有スペースの充実**：住民同士の交流の場としてラウンジや食堂、図書室が用意されているところも多い

フネは「段差がないのはもちろん、何かあったときに助けてもらえるのはありがたいわね。」と安心していました。

## 暮らしやすさを重視した設備と環境

シニア向け分譲マンションは、高齢者の暮らしやすさを追求した設備が整っています。たとえば、キッチンや浴室には手すりが設置され、滑りにくい床材が使用されています。また、エレベーターや廊下は通常より広く設計されており、車いすでの移動にも対応できるようになっています。

さらに、周辺環境も考慮されていることが多く、病院やスーパーが徒歩圏内にある場所が選ばれています。

波平も「**生活に必要なものが近くに揃っている**のは、とても便利だな。」と話しています。

## 分譲形式のメリット

シニア向け分譲マンションは、賃貸ではなく購入する形式であるため、以下のような特徴があります。

- **資産としての価値**：購入することで不動産としての資産価値を保有することが可能
- **自由なリフォーム**：購入者として、自分の好みに合わせたリフォームが可能
- **長期的な安心感**：賃貸契約と違い、退去の心配が少ない

波平は「持ち家として購入するなら、終の住処として安心感があるな。」と納得していました。

## 共有スペースと住民同士の交流

シニア向け分譲マンションでは、住民同士が交流できる共有スペースが設けられていることが多いです。ラウンジや食堂で住民同士が気軽に話せるほか、趣味のサークル活動が行われることもあります。**他の住民と交流できる環境で生活することで、精神的な充実感を得られるはず**です。

フネも「同じ世代の人たちとおしゃべりしたり、趣味を共有したりできるのは楽しいわね。」と笑顔で話していました。

## 購入時の注意点

シニア向け分譲マンションの購入を検討する際には、以下の点を事前に確認することが大切です。

・**管理費や修繕積立金**：高齢者向け特有のサービスが提供される分、月々

の管理費が高くなることがあるため、月々の管理費や修繕積立金の額

- **医療・介護サービスの内容**：提携先の医療機関やサービスの内容が自分のニーズに合っているのかどうか
- **立地条件**：病院やスーパー、公共交通機関へのアクセスが良いかどうか
- **売却時の価値**：将来的に売却や相続を考える場合、不動産価値が安定しているかどうか

波平は「月々の費用がどれくらいかかるか、しっかり計算しておかないとな。」と慎重に考えていました。

## サ高住との違い

**シニア向け分譲マンションとサ高住との大きな違いは、所有権とサービスの範囲**です。

シニア向け分譲マンションでは、マンションを購入して所有者となるため自由度が高く、介護サービスは基本的にオプション契約となります。

一方、サ高住は賃貸形式であり、初期費用が安いうえにサービスも契約内容に含まれています。

波平とフネも「自分たちの暮らしに合った形を選ぶことが大事だね。」と話し合っていました。

**シニア向け分譲マンションは、自立した生活を送りつつ、必要なサポートが受けられる理想の住まい**です。波平とフネのように、終の住処として検討することで、老後の安心と快適さを手に入れる一歩を踏み出してみてはいかがでしょうか。

## 第3章 ノリスケ夫婦の生き方 まとめ

・老後の生活を安心して送るためには、ライフステージに合わせた柔軟な住まい選び（マンションや有料老人ホーム、サ高住、シニア向け分譲マンションなど）が重要。

・検討する際には、自身の体調の変化や介護の必要性を十分に確認し、実際に足を運んで自分の目で視察し、事前に情報を収集しておくべき。

・将来を見据えた住まいの計画が、老後の暮らしを豊かにする鍵となる。

# 第4章

# 磯野家を襲った相続問題

## ——知っておきたい正しい終活の進め方

## 遺言の作成

波平とフネがマンションへの引っ越しを含めた家じまいを本格的に考え始めたという話が、サザエを通じてカツオの耳にも届いていました。ある休日、久しぶりに実家にやってきたカツオは、茶の間でくつろぐ波平を見つけると、早速軽口を叩き始めました。

「お父さん、引っ越しを考えてるって本当？　それならついでに遺言も書いておいてよ。僕には現金でお願いね！」

カツオはニヤニヤしながら言いましたが、その軽口に波平は顔を真っ赤にして怒鳴りました。

「カツオ！　そんなことを軽々しく言うものではない！」

「まあまあ、冗談だよ、お父さん。でも、遺言って大事なんじゃないの？姉さんやワカメともめないためさ。」

カツオは笑いながらも、どこか真面目な表情で続けます。「最近、友達が相続できょうだいともめたって話を聞いてさ。それを考えると、やっぱりきちんと準備しておいたほうがいいんじゃないかなって思うんだよね。」

波平はその言葉に少し考え込むように眉を寄せました。

「ふむ、確かに遺言を残すというのは重要かもしれんな。しかし、まだまだワシは元気だぞ。そんな話をするのは少し早すぎるのではないか？」

そこにフネがお茶を運びながら加わりました。

「お父さん、カツオの言うことも一理ありますよ。元気なうちに準備しておくことが大事のようですよ。私たちも家じまいの一環として、考え始めてもいいかもしれないですね。」

波平は少し不機嫌そうに言いました。

「しかし、遺言などというものは、縁起でもない気がしてな……。」

フネは優しく微笑みながら応えました。

「お父さん、遺言を書くことは縁起が悪いことではなくて、家族のための安心材料なんですよ。もし私たちに何かあったときに、子どもたちがもめないようにするための準備と思いましょうよ。」

カツオはお茶を飲みながら口を挟みました。

「そうそう、僕たちきょうだいは仲がいいけど、相続の話になると人間は変わるって言うからね。お父さんの財産がどうなるかで姉さんと大げんかしたら困るでしょ？」

波平はその言葉に呆れた様子で言い返しました。

「お前というやつは、相変わらずだな。それにしても……たしかに、争いを防ぐためには何かしら準備をしておいたほうがよいのかもしれん。」

フネは波平の手に優しく触れながら言いました。

「お父さん、遺言を書くことで、私たちの思いを子どもたちに伝えることができるのですよ。それに、法律的に正しい書き方をしないと無効になることもあるようですから、専門家に相談するのもいいかもしれませんね。」

波平は深くため息をつきながら頷きました。

「そうか……母さん、ワシもそろそろ遺言作成を真剣に考えるときが来たのかもしれんな。だが、カツオ、お前にはお金はやらんぞ。」

カツオは冗談交じりに両手を上げながら笑いました。「いやいや、それは冗談だって。でも、本当に遺言を作ってくれるなら、それが一番安心だよ。」

波平は苦笑いを浮かべながら言いました。

「全く、お前には呆れさせられるばかりだ。しかし、こうして考えさせられることがあるのも悪くないな。」

磯野家に限って相続でもめることはないだろう、と思いがちですが、**相続開始後に残された相続人がもめないように、遺言を作成しておく必要もあります。**もめてしまう相続には、共通点があります。次ページから、現実に起こりうる事例をもとに、磯野家をモデルにして、相続でもめる十一のパターンを紹介していきます。すべて個別の仮想例ですので、実際の「サザエさん」とは全く異なる状況も登場することを踏まえてお読み下さい。

波平だって、うちに限ってもめ事が起きるはずはないと思っているはずです。しかし念には念を入れて、遺言を作成することも検討してみましょう。

## 兄弟姉妹の仲が悪い場合

波平は縁側で新聞を広げていましたが、ふと庭を見つめてカツオに言われたことについて思い出しました。隣でフネが縫い物をしながら声をかけます。

「お父さん、どうしましたか？　今日はずいぶん静かですね。」

「いやな、母さんや……ちょっと考え事をしていたんだ。」波平は新聞を畳みながら応えました。「もしもサザエとカツオの仲が悪かったらどうなるだろうと想像してな。」

フネは少し驚いた様子で縫い物の手を止めました。

「きょうだいの仲が悪いなんて、あの二人には考えられないけれど……でも、もしそうだったら、相続でもめるかもしれませんね。」

波平は眉をひそめながら続けました。

「そうだ。たとえばサザエが『この家は私のものよ』と言い出し、カツオが『そんなの不公平だ、僕にも三分の一権利がある』と怒鳴り返したらどうなる？　考えるだけで頭が痛くなる。」

フネは少し笑いながらも真剣な表情で言いました。

「お父さん、それならなおさら、遺言が必要かもしれませんね。何をどのように分けるかをきちんと決めておけば、余計な争いを防げますからね。」

波平は腕を組み、深いため息をつき「確かにな……サザエとカツオがそんなことでもめるのは見たくないし、ワシも天国で落ち着けんだろう。やはり遺言を作るべきかもしれないな。」

フネは穏やかに微笑みながら言いました。

「お父さん、そういうことは早めに準備するのが一番ですよ。今なら私たち二人で話し合って、ちゃんと決められますよ。」

波平は頷きながら、視線を庭の緑に移し「母さんや、遺言というものは、単に財産を分けるためのものではないのだな。家族が仲良くいられるための手段でもあるのだな……。」

波平とフネが世田谷の家で暮らす中で、子どもたちはそれぞれ独立し、カツオとワカメは別の場所で生活し、サザエはすでに自宅を持っています。

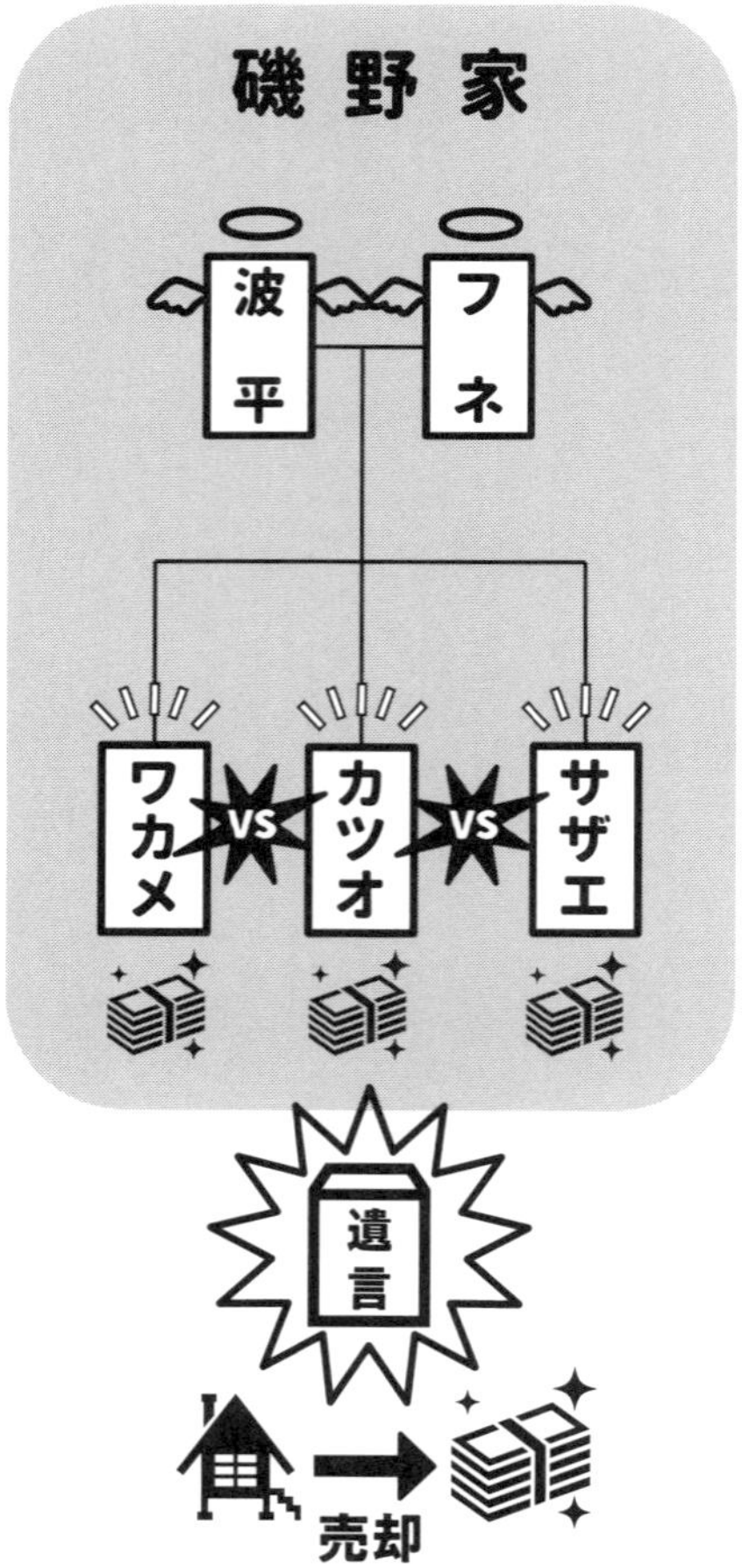


もめるパターン01　**兄弟姉妹の仲が悪い場合**

回避するには生前に「家を売却し、３人で分割する」
などの遺言を残す

この状況で波平とフネが亡くなった場合、世田谷の家をどうするかが問題になります。

**兄弟姉妹の仲が良ければ問題なく解決することもありますが、不仲の場合、遺産分割協議が難航する可能性があります。**

サザエが「この家は残すべきだ」と主張しても、カツオやワカメが「売却して現金を平等に分けるべき」と考えると意見が対立してしまいます。

さらに、「親の介護をしたのは誰か」「負担が不公平だ」といった感情的な問題も表面化し、家族の絆に深刻な亀裂が入ることもあるのです。

波平が遺言で「世田谷の家は売却し、売却代金を三人で均等に分割する」と具体的に書いていれば、子どもたちはそのとおりにしなければなりません。

遺言があることで、親の意思が明確になり、感情的な衝突や「争続」を防止することができます。

兄弟姉妹の関係が複雑な場合こそ、遺言は家族の平和を守る重要なツールとなります。

遺言を作成しておくことが円満な相続につながるのです。

# 相続させたくない相続人がいる場合

波平は先日、カツオが「僕には現金でお願いね。」と軽口を叩いていたことを思い出し、カツオの日ごろの行いが頭をよぎります。借金を抱えながら遊び歩き、家族の集まりにも顔を出さず、たまに来たかと思えばお金の話ばかり。

「全く……あいつに財産なんて渡したら、無駄遣いするだけではないか。」

波平は深くため息をつきながらつぶやきました。

隣からフネが顔を覗き「お父さん、どうされたのですか？」

「カツオに財産を残すべきかどうか考えていてな……。あれではサザエやワカメに申し訳が立たん。」

フネは静かに頷いて言いました。「それなら、遺言を作るべきですね。お父さんの考えをきちんと残しておけば、後でみんなが困りませんからね。」

波平は真剣な表情で頷きました。「そうだな……ワシが今のうちに決めておかねば、カツオが何か問題を起こして家族が苦労するのは目に見えておる

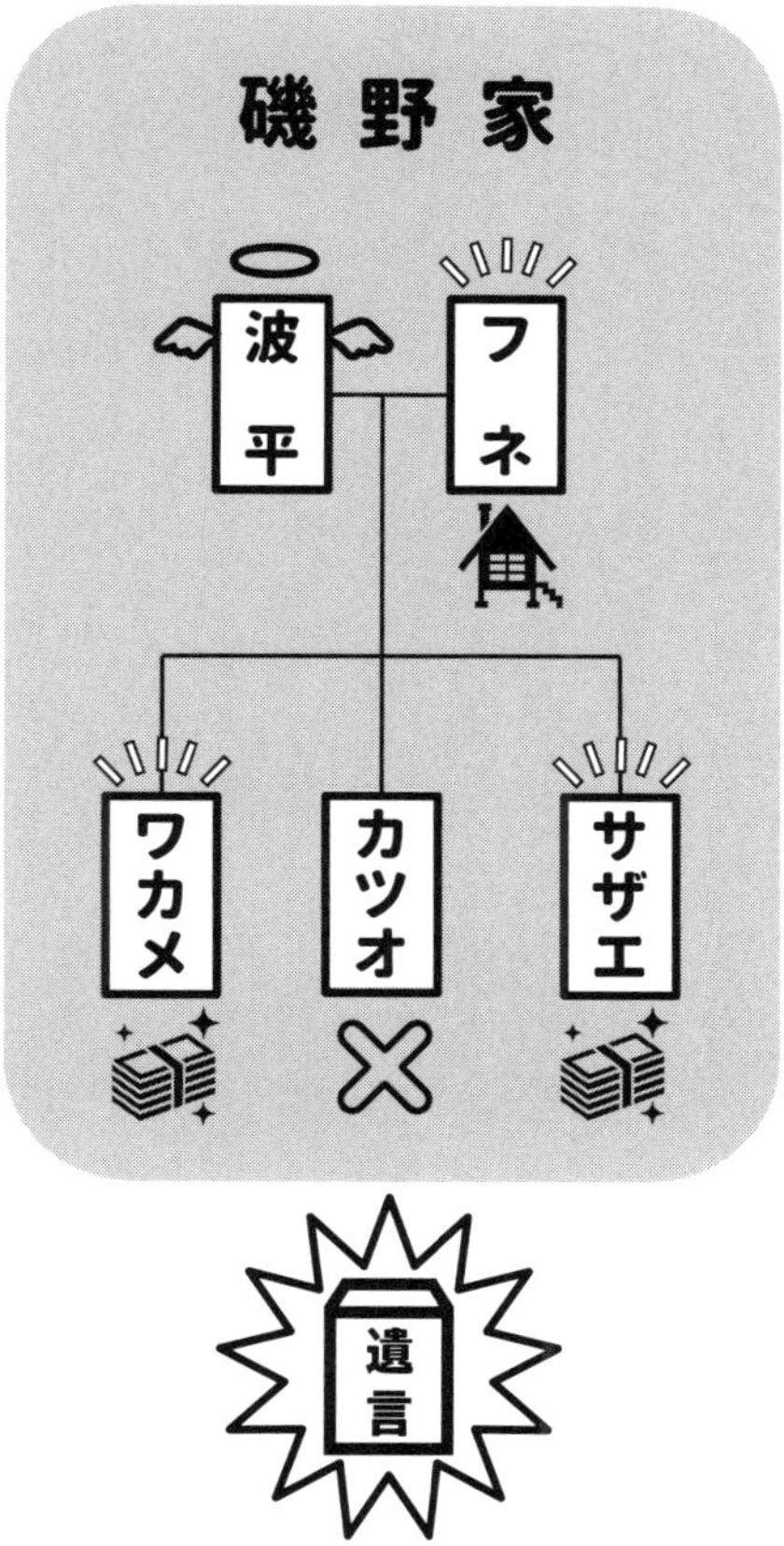


もめるパターン02　**相続させたくない相続人がいる場合**

遺言により、カツオには遺留分しか渡らないな。」

**相続では、親が自分の財産を渡したくない相続人がいるケース**もあります。

このような場合、遺言を残しておくことが重要です。

日本では、子どもには「**遺留分**《いりゅうぶん》」という最低限の取り分が保証されていますが、遺留分を考慮したうえで相続財産の分配を考えることが、遺言によって可能になります。波平が「世田谷の家はフネに相続させ、サザエとワカメにはそのほかのすべての財産を二分の一ずつ相続させる」と明確に指示しておけば、カツオには遺留分しか渡らなくなります。

相続でもめるパターン03

## 子どもがいない場合

波平は庭先で植木を剪定しながら、ふと隣の家を見上げました。その家は数年前まで仲睦まじい老夫婦が住んでいましたが、夫婦ともに他界し、今ではすっかり空き家になっています。

「お父さん、どうされたのですか?」後ろからフネが声をかけました。

「いや、隣の家のことを考えていたんだ。」波平は振り返らずに答えました。「あのおじいさんとおばあさん、亡くなった後で兄弟たちが相続でもめた話を覚えているか？」

フネは静かに頷きました。「ええ、覚えていますわ。お子さんがいなかったから、財産全部を兄弟が相続することになって、それでもめたんですものね。」

波平は鋏を置き、深いため息をつきました。「ワシらには子どもがいるからまだよいが、あの家の兄弟たちは、おじいさんが残した土地や財産を巡って大騒ぎだったそうだ。結局、裁判沙汰になってしまったと聞いたよ。」

「そうですね……。子どもがいない場合、誰に財産を残すかをしっかり決めておかないと、兄弟や親族同士が争いになることもありますね。」フネは少し寂しそうに言いました。

波平はしばらく黙った後、静かに口を開き「相続というのは、残された人たちにとって利益になるものだと思っていたが、時には争いの火種にもなるものだな。あの夫婦も、自分たちがいなくなった後で、こんな事態になると

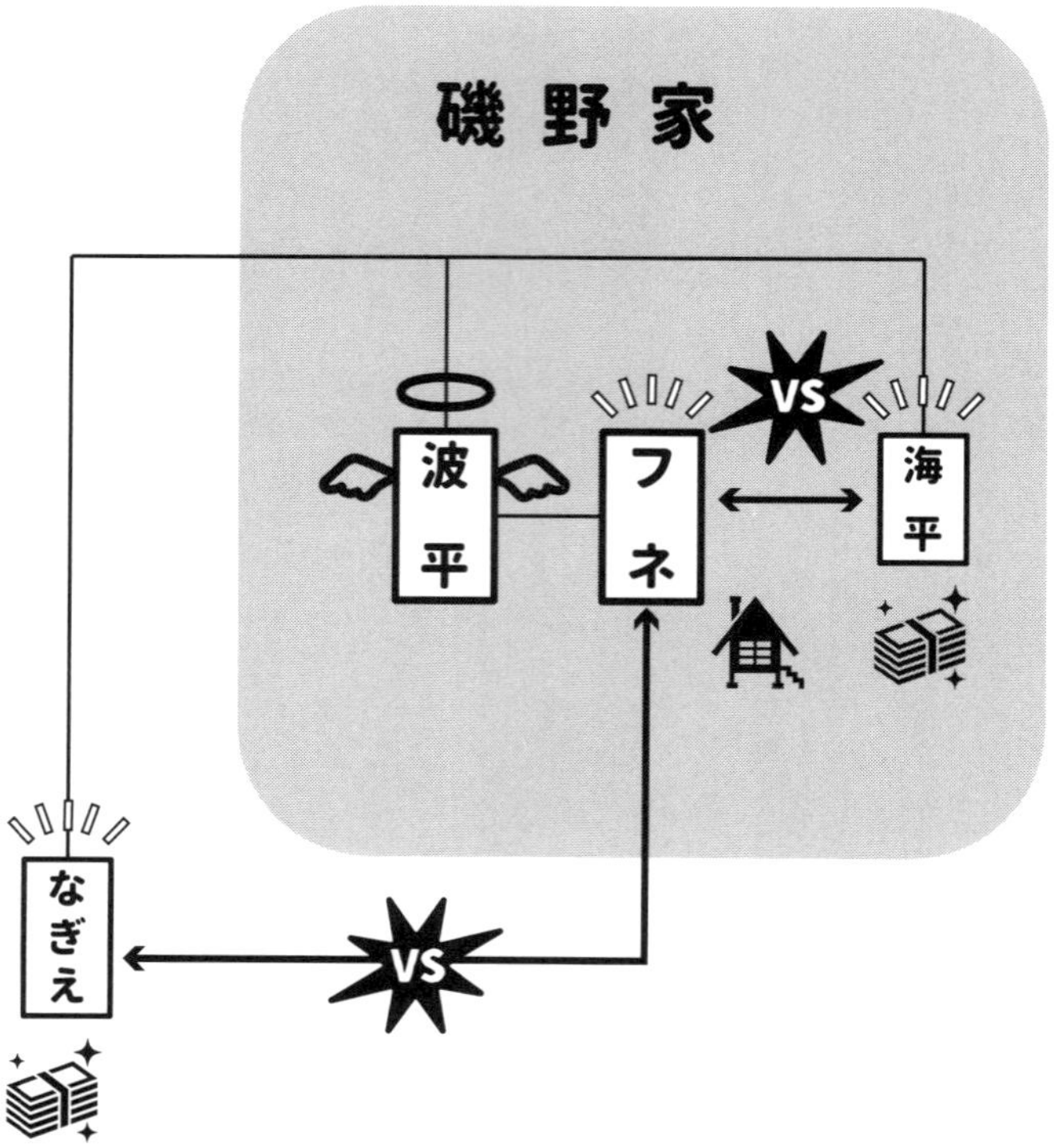


もめるパターン03　子どもがいない場合

波平の兄弟姉妹も相続人になる

は思わなかっただろう。」

フネは波平の隣に座り、庭を見つめながら言いました。「お父さん、だからこそ遺言が大事なのですよ。自分の意思をきちんと残しておけば、残された人たちがもめることを防げますわ。」

波平はゆっくり頷きながら、視線を隣の家から自分たちの家に戻し「そうだな……ワシらにはサザエやカツオたちがいるが、それでも何が起こるかわからん。あの夫婦のようなことにならないためにも、しっかり準備をしておくべきだな。」

「ええ、私たちも動けるうちに準備しておきましょう。」フネは優しく微笑みながら波平に言いました。

夫婦に子どもがいない場合、遺産相続問題はより複雑になります。

波平とフネは三人の子宝に恵まれましたが、もしも彼らに子どもがいなかった場合に波平が亡くなると、フネの他波平の兄・海平と妹・なぎえが相続人となり、さらに海平となぎえの子どもたちも相続人となる可能性があります。

海平となぎえとフネは普段から交流があるわけではないでしょうから、遺産分割協議がスムーズにいくかどうかはわかりません。

波平が「財産は全てフネに残したい」「特定の親族や施設に寄付したい」と考える場合、遺言を用意しておくことが必要です。

遠方に住んでいる海平が自宅を相続してしまうと、家の管理に興味がなかった場合に、世田谷の家が売却されてしまう可能性もあります。

**夫婦のみで財産を守りたい場合や、特定の目的に活用したい場合は、遺言を早めに作成しておくことが重要**です。

相続でもめるパターン04

## 相続人が多い場合

波平が茶の間で新聞を読んでいると、カツオが大股で部屋に入ってきました。その様子に波平はちらりと視線を上げます。

「お父さん、ちょっと話があるんだけど。」

波平は新聞を畳みながら、ため息混じりに応えました。「またお前か。何だ、どうせお金の話だろう？」

カツオは少しムッとした表情を浮かべながら言いました。「いや、相続の話だよ。姉さんが亡くなっているから、タラちゃんもお父さんの相続人になるってこと、ちゃんと考えてる？」

残念なことに、サザエは先日交通事故に遭い、そのまま亡くなったのです。

波平は少し驚いたような表情を見せながらも答えました。「そうだ。サザエが亡くなった以上、法律ではサザエの子ども、つまりタラちゃんも相続人として加わることになる。それがどうかしたのか？」

カツオは少し苛立ちながら話を続けました。「タラちゃんが相続人になるのはわかるけど、僕たちと同じ相続分っていうのはどうなの？　僕たちは実の子どもだよ。お父さんの孫であるタラちゃんと同じ扱いになるなんて、納得できないよ。」

波平は眉間に皺を寄せ、再び深いため息をつき「まったく……またお前がそんな金の話を持ち出すとはな。だが、お前の言うことにも一理ある。確かに、実の子と孫が同じ扱いになるのは不満だと思う気持ちもわからんではない。」

カツオは真剣な表情で言葉を続けました。「お父さん、タラちゃんたちは若いし、これから自分で稼げるけど、僕たちはもうそうじゃない。ちゃんとお父さんが財産をどう分けるか決めてくれないと、絶対にもめるよ。」

波平はしばらく黙った後、少し疲れたように椅子に座り直し「確かにな……ワシが何も決めずに亡くなれば、タラちゃんとお前たちきょうだいで争いになる可能性もある。だが、こんな話を聞かされるとは、情けない話だ。」

カツオは少し声を落としながら言いました。「情けないとか言わないでよ。僕たちだって、お父さんの財産の分け方が不公平だと思えば納得できないんだよ。」

波平は静かに頷きながら言いました。「わかった。お前がそうまで言うなら、ワシも遺言を作っておこう。タラちゃんやお前たちきょうだいがもめないように、きちんと分け方を決めておくべきだな。」

カツオは少しほっとした表情で言いました。「それが一番だよ、お父さん。僕たちも納得できるし、タラちゃんとの間で問題も起きないだろうから。」

波平は新聞を再び手に取りながら、窓の外を見つめました。「全く、お前という男は金の話となると熱心だな……だが、家族の平和を守るためには、ワシがしっかり準備をしておかねばならんようだな。」

**相続人が多い場合、遺産分割協議が複雑化し、トラブルになりやすくなります**。たとえば、磯野家で波平が亡くなった際にサザエがすでに亡くなっていた場合です。その場合はサザエの子どもであるタラちゃんが、サザエの代わりに相続人になります。サザエが亡くなる前にタラちゃんの弟が生まれていた場合には、タラちゃんの弟も相続人になります。

波平の相続人は、フネ、サザエ、カツオ、ワカメの4人だったのですが、サザエが亡くなっていた場合は、サザエの代わりにタラちゃんや、タラちゃんの兄弟が相続人に加わります。

高齢化社会の影響で、子どものほうが先に亡くなっているケースは増えています。その場合は亡くなった子どもの代わりに亡くなった子どもの子ども（孫）が相続人になりますが、孫が複数登場する場合は相続人の人数が増えますし、孫（タラちゃん）とその叔父（カツオ）や叔母（ワカメ）との関係性が希薄な場合は、意見の統一が困難になりがちで、遺産分割協議が難航すること

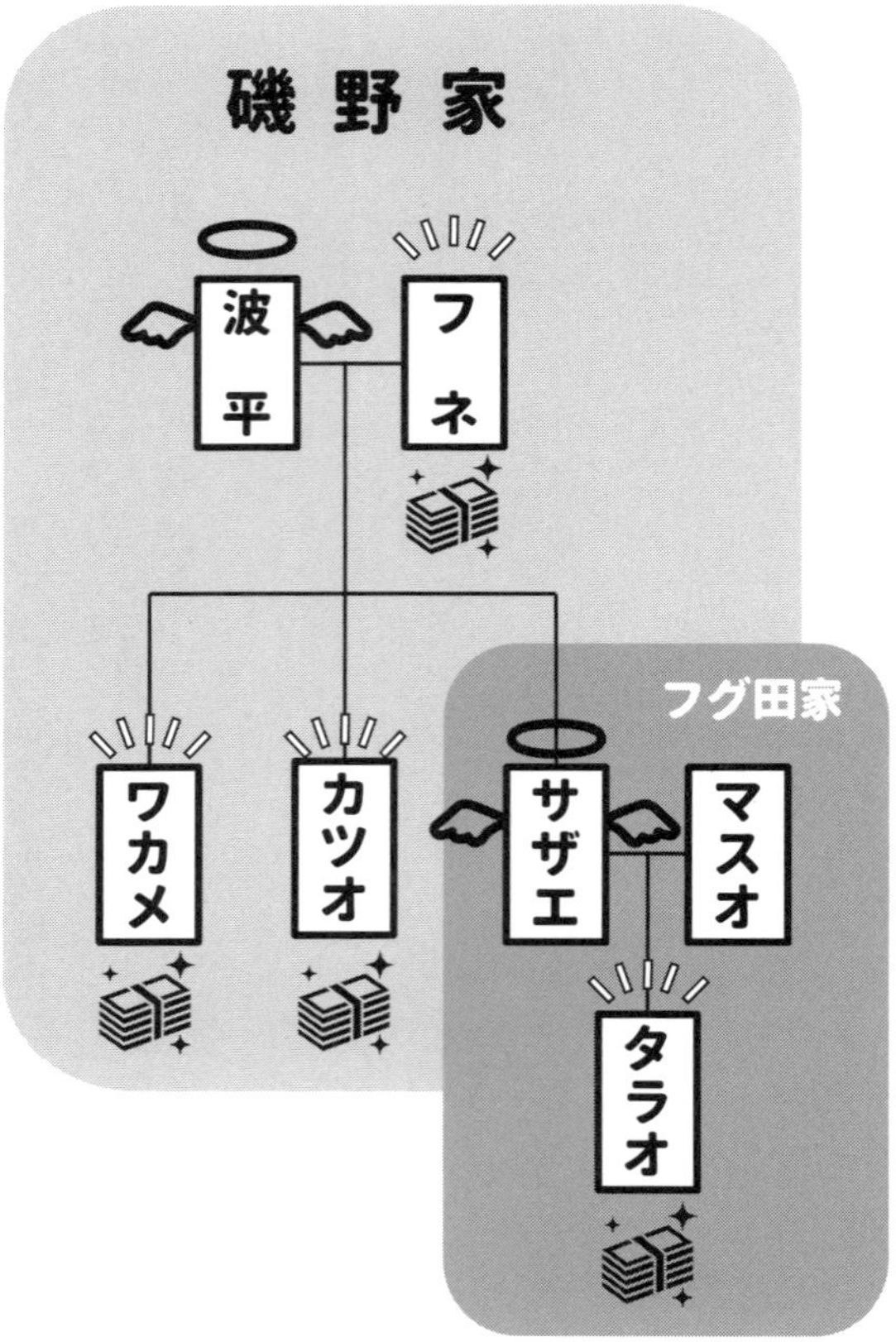


もめるパターン04　**相続人が多い場合**

サザエがすでに亡くなっている場合、
タラオもカツオ、ワカメと同じ相続分となる

が予想されます。

このような事態を防ぐためには、波平が生前に遺言を作成し、財産の分配方法を明確にしておくことが重要です。**相続人が多い場合こそ、事前の準備が「争続」を回避し、家族の平和を守る鍵となります。**

## 相続でもめるパターン05
# 結婚相手に連れ子がいる場合

波平はフネが亡くなった後、再婚し、再婚相手とその連れ子と暮らしていました。連れ子は若くて真面目な青年で、波平も少しずつ家族としての距離を縮めようとしています。そんな中、久しぶりにサザエが実家を訪れました。

「お父さん、こんにちは！」

サザエがリビングから顔を覗かせると、波平はにっこり笑って迎えました。

「おお、サザエか。今日はどうした？」

「お父さん、再婚した場合、その連れ子には財産が渡らないって知ってる？

お父さんの血のつながった子どもじゃないでしょう？　このままだと法的には相続人にならないのよ。もし財産を残すつもりなら、養子縁組をするか、遺言を作らないといけないんじゃない？」

波平は一瞬固まったあと、目を見開いて言いました。「な、なんだと？　家族として一緒に暮らしているじゃないか。それで十分ではないのか？」

サザエは少し困った表情を浮かべながら答えました。「それはお父さんの気持ちの問題であって、法律はそう簡単にはいかないの。**養子縁組をしない限り、連れ子には相続権がない**のよ。」

波平は大きくため息をつき、頭を抱え「全く知らなかった……。家族として迎え入れたつもりだったが、それだけではダメなのか。」

サザエは優しい声で続けました。「**もし養子縁組をするのが難しいなら、遺言を作ればいい**のよ。お父さんがどの財産を誰に渡すのかを明確にしておけば、法的にきちんと連れ子にも残せるし、私たちきょうだいとＡ子さんとの間でもめることも防げるわ。」

波平は黙って考え込んだあと、静かに言いました。「そうか……確かにワシが何も準備をしていなければ、家族の間で争いになる可能性もあるな。それだけは避けたい。」

相続において、結婚相手の連れ子は「養子縁組」をしていない限り、法定相続人にはなりません。仮に波平が再婚し、再婚相手に連れ子がいた場合、その連れ子は波平と養子縁組をしていなければ波平の相続人にはなりません。

波平が**再婚相手の連れ子を実子のように育てていた場合でも、法律上はサザエやカツオ、ワカメと同じ相続権を持つわけではない**のです。

波平が**連れ子に財産を分けたいと考える場合は、養子縁組を行うか、遺言で明確にその旨を記しておく必要があります**。

結婚相手の連れ子と養子縁組を行った場合、その連れ子も他の実子と同等の法定相続権を持つことになります。

ただし、この場合、カツオやワカメなど他の子どもたちとの間で、本当の家族ではないのに財産を渡すのか、という感情的な問題が起きる可能性もあります。これがもめごとの火種となることもあるのです。

結婚相手に連れ子がいる場合、法律や家族の間の感情を踏まえて、財産をどのように分けるかを早めに決めて遺言を残しておくことで、トラブルを防

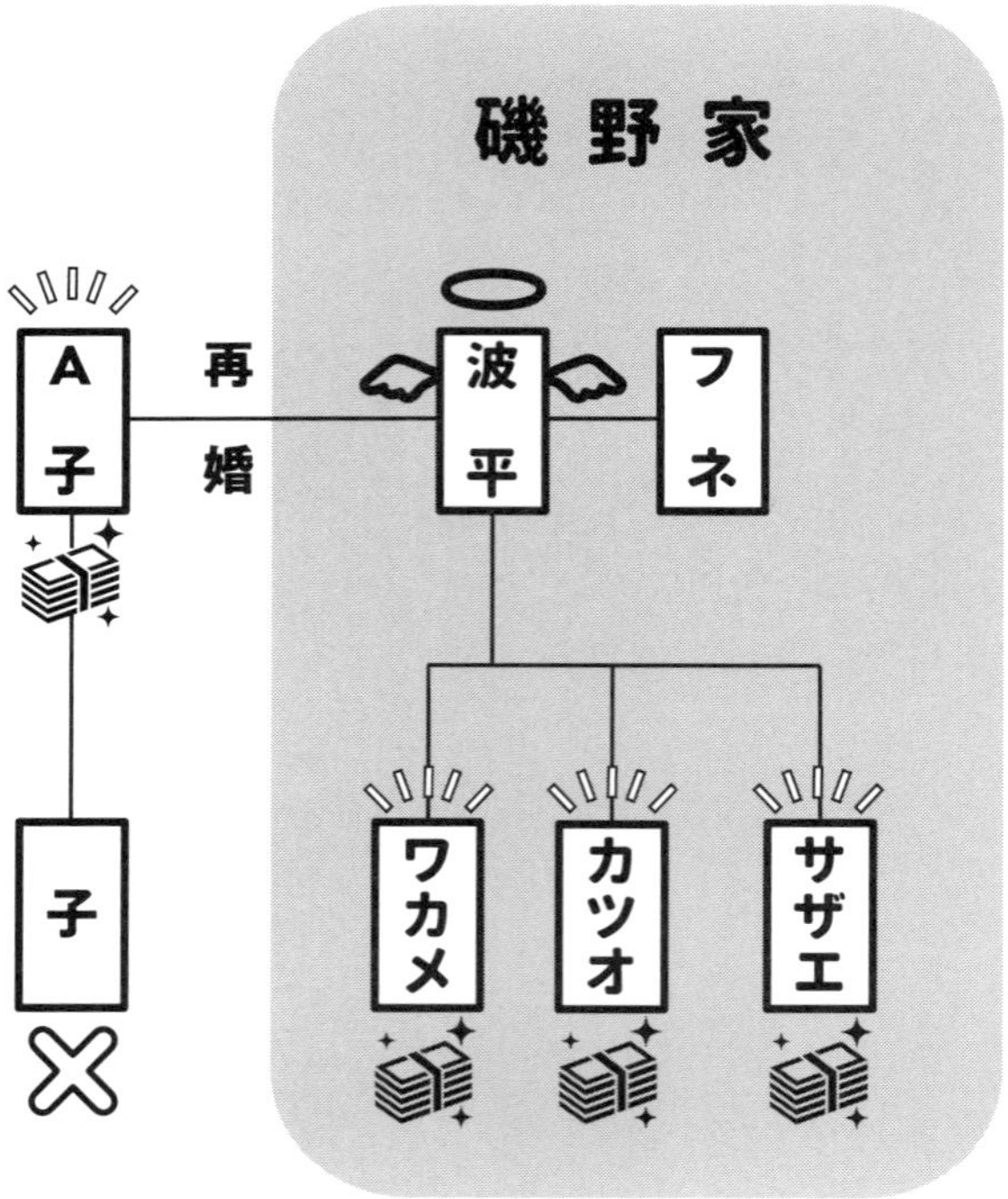


もめるパターン05　結婚相手に連れ子がいる場合

再婚した場合、連れ子には相続権はない

ぐことができます。

相続でもめるパターン06

## 前妻・後妻ともに子どもがいる場合

波平が亡くなり、まだその悲しみが癒えない中、フネと子どもたちは遺産の整理を進めていました。ある日、フネがリビングで書類を整理していると、サザエが慌ただしく家に入ってきました。

「お母さん、大変よ！」

フネは驚いて顔を上げました。「どうしたの、サザエ？　そんなに慌てて。」

サザエはソファに腰を下ろしながら深いため息をつきました。「実は、今日、弁護士から連絡があって……お父さんの前妻の子どもたちが財産を求めているんですって。」

波平には、実は前妻との間に子どもがいたのです。

フネは手を止め、困惑した表情を浮かべました。

「ええ……？　そんな話があるの？」

「うん。お父さんの前妻の子どもたちも相続権があるから、財産を分けるようにって言ってきてるの。法律では、私たちと同じように相続する権利があるみたいなの。」

サザエは眉をひそめながら説明しました。

フネはしばらく黙ったまま考え込んでいました。

サザエは少し怒ったように「お父さんが遺言を残してくれていたら、こんなことにはならなかったのに。どう分けるかをきちんと決めておけば、お母さんも私たちも、こんなふうに困らなかったわ。」と言いました。

フネは静かに頷きながら言いました。「確かに……お父さんと前妻との間に子どもがいることは知っていたけど、具体的にどうするかなんて考えたこともなかったわ。でも、法律ではあの子たちも相続人として扱われるのね。」

「そうみたい。でも、私たちにとってはほとんど顔を知らない人たちじゃない？　お父さんがきちんと遺言を作ってくれていたら、こういう争いにならずに済んだのに……。」サザエは悔しそうに言いました。

フネは静かに目を閉じて、深くため息をつきました。「本当にそうね。お父さんは家族のことを大切にしていたけれど、そういう準備が必要だったなんて、知らなかったんじゃないかしら。」

**前妻と後妻の両方との間に子どもがいる場合、遺産分割が非常に複雑になり、家族間でのトラブルが発生しやすい状況**となります。

前妻との間に子どもをもうけた後、再婚してフネとの間にもサザエ、カツオ、ワカメが生まれた場合です。この場合、前妻との子どもも、サザエ、カツオ、ワカメという後妻の子どもたちと同じ法定相続権を持ちます。

波平が他界した後、前妻との子どもが「自分にも相続の権利がある」と主張した場合、フネやサザエ、カツオ、ワカメは、一緒に暮らしていないにもかかわらず、前妻の子にも財産を分けなければならないのです。

フネやサザエ、カツオ、ワカメと前妻との子どもとの遺産分割協議が円滑に進まない場合、遺産分割協議の長期化や裁判に発展するリスクもあります。

相続問題の複雑化を避けるためには、波平が生前に遺言を作成し、財産の分配方法を明確にしておくことが重要です。

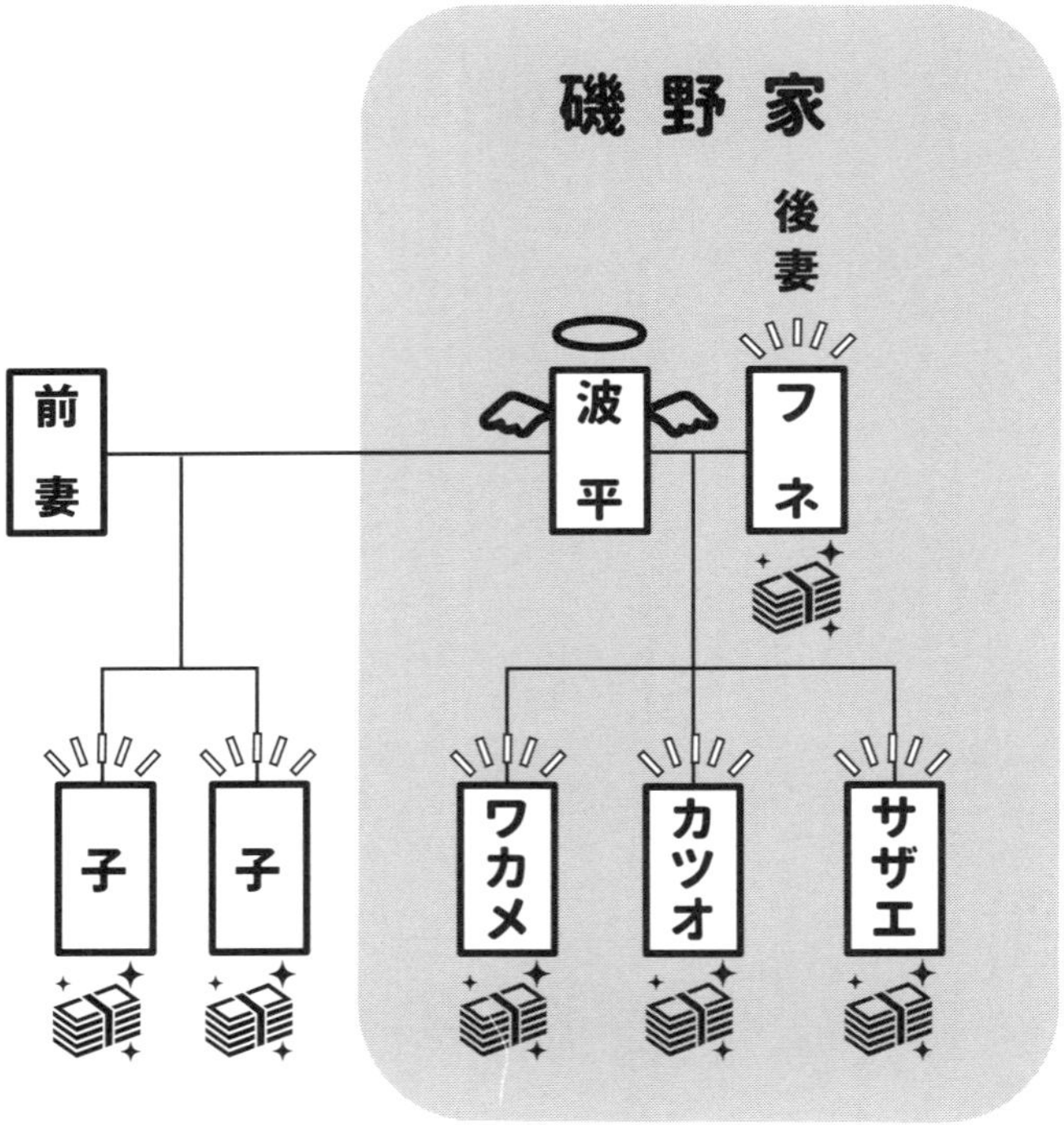


もめるパターン06　前妻・後妻ともに子どもがいる場合

前妻の子どもも後妻の子どもと同等の相続権がある

前妻との子どもには一定の財産を譲るといった形で、前妻との子どもが相続する財産について具体的な指定を遺言に記載しておくと良いでしょう。複雑な家族構成ほど、遺言や事前準備が「争続」を防ぐ鍵となるのです。

相続でもめるパターン07

## 内縁の配偶者、子どもがいる場合

「お母さん、これ……本当にどういうことなの？　お父さんと正式に結婚していなかったなんて、そんなことがあるの？」

波平が亡くなり、フネと子どもたちは悲しみに暮れながら、日々を過ごしていました。ある日、サザエがリビングでフネに書類を見せながら、困惑した表情で話を切り出しました。

フネはお茶をすすりながら、小さく頷き「そうなのよ、サザエ。私とお父さんは内縁の関係だったの。」

その言葉にサザエは目を見開き、言葉を失いました。横にいたカツオも驚きのあまり声を荒げました。「えっ、どういうこと⁉　僕たち、ずっと家族として暮らしてきたじゃないか……お父さんとお母さんが結婚してなかったなんて聞いてないよ！」

フネは落ち着いた様子で続けました。「昔からお父さんと話していたの。私たちの関係を届け出るかどうか。でも、お父さんは、『形式なんて関係ない、家族は家族だ』って言っていたわ。」

「でも、お母さん、それだとお父さんから認知されていない僕たちって……」

サザエは戸惑った様子で言葉を継いだ。

「相続権がない、ってことになるのよね？」

フネは悲しげに目を伏せながら頷いていました。

「そう。お父さんが遺言を残してくれていれば別だけれど、何も準備していない場合、法律上では私にも、あなたたちにも相続権は発生しないのよ。」

カツオは椅子から立ち上がり、苛立った声を上げました。「そんなの不公平だ！　僕たちはずっとお父さんの子どもとして生きてきたのに、それが法律上では違うなんて。お父さん、なんで遺言を書いてくれなかったんだよ！」

フネはカツオの言葉に目を伏せ、静かに答えました。

「お父さんはね、家族のことを心から愛していたのよ。でも、こういうことが問題になるなんて、気づいていなかったのかもしれないわ……。」

サザエは冷静さを取り戻そうと深呼吸しながら言いました。

「でも、これからどうするの？　お母さん、私たち、どうやってこの問題を解決すればいいの……？」

**内縁の配偶者には法定相続権がない**ため、波平がフネと籍を入れていない内縁関係にある場合、遺言を作成しない限りフネは波平の財産を相続できません。また一般論として、**内縁の配偶者との間に生まれた子どもであるサザエたちも、波平が認知しない限り法定相続人にはなりません**。認知していなければ、その子どもは法律上の相続権を持たず、他の子どもたちと同等の権利を主張することができません。死後認知という手続きを経れば、相続人となることもできますが、手続きの負担が必要です。

たとえば、波平が「世田谷の家はフネが住み続けられるようにしたい」と

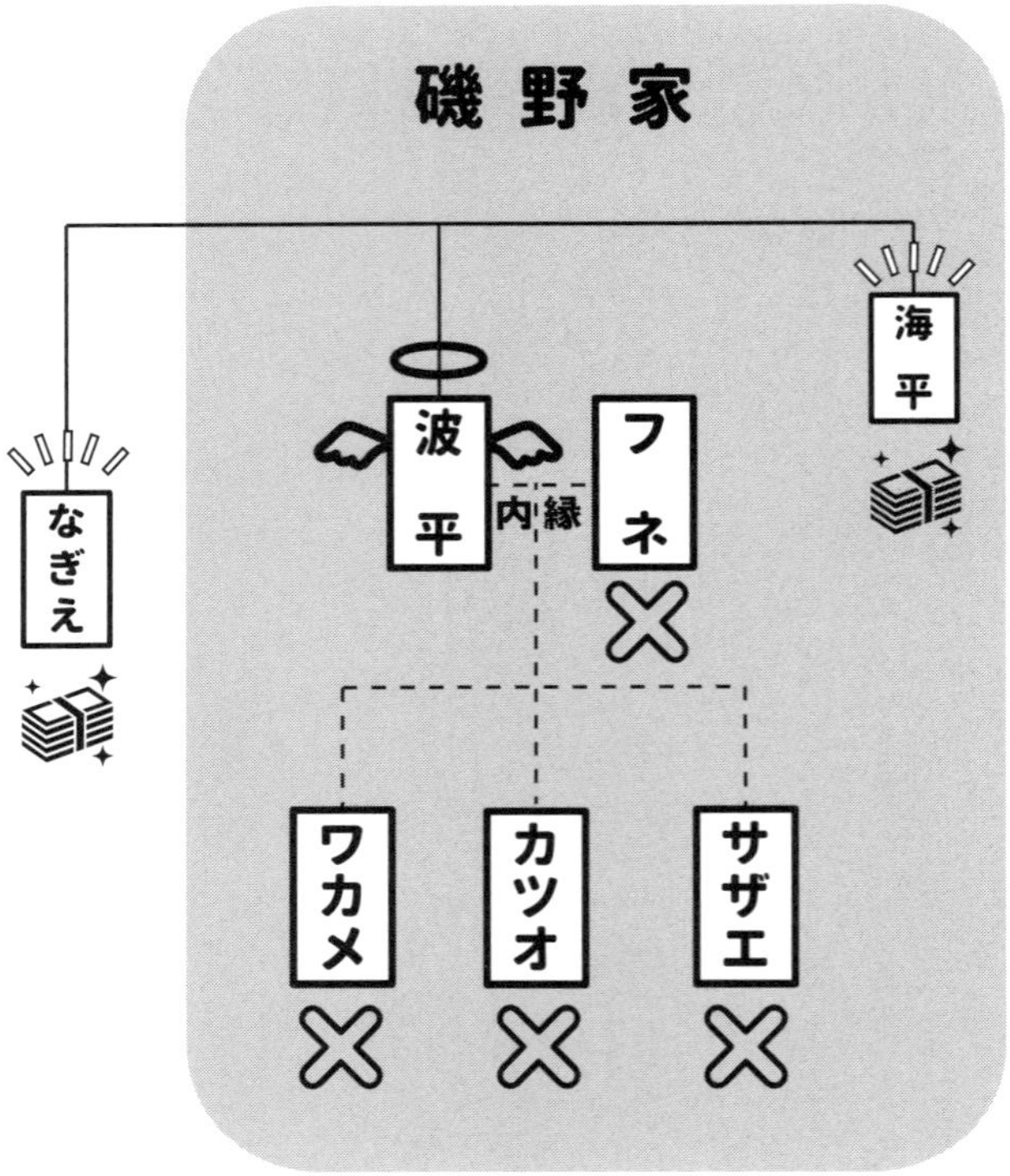


もめるパターン07　内縁の配偶者、子どもがいる場合

内縁関係の場合、相続権は発生しない

考えていても、遺言がなければフネが世田谷の家を相続することはできず、路頭に迷うことになるのです（波平の法定相続人は海平となぎえになります）。

もちろん波平から認知されていたとすれば、サザエ、カツオ、ワカメが法定相続人となり、その財産を受け取ることになります。

内縁関係の場合、波平がフネやその子どもたちに財産を残したいのであれば、早めに遺言を作成し、必要に応じて子どもを認知する手続きを取ることが不可欠です。これにより、相続をめぐる家族間の争いを防ぐことができます。

相続でもめるパターン08

## 相続人以外にお世話になった人がいる場合

「お父さん、あのね……最近、ちょっと考えていたことがありますの。」

波平は新聞を畳みながら、フネを見つめ「何だ、急にどうした？」

「今までお世話になった人たちのことを考えていたんです。特に、私たちの家に長い間来てくれているお手伝いさんのこと。」

波平は少し驚いた様子で応えました。

「お手伝いさんか。確かに、あの人にはずっと助けてもらっているな。」

フネは頷きながら続けました。

「あの人、もう何年も私たちの家を支えてくれているし、私たちの生活をとても楽にしてくれましたね。歳もだいぶ取られて、これから先もずっと一緒にいられるかわからないけれど、何かしてあげたいと思いますの。」

波平は少し考え込みながら言いました。

「ああ、あの人はたしかに、何も言わずにずっと支えてくれていたな。どんなに忙しくても、笑顔で働いてくれていたし、私たちが困っているときも常に支えてくれたな。」

「だから、少しでも感謝の気持ちを形にしたいと思って。お世話になった分、財産の一部を残してあげたいと考えていますの。」フネは静かに言いました。

波平はその言葉に少し驚きつつも、真剣な表情で応えました。

「それはたしかに良い考えだ。長年お世話になったあの人に、何か恩返しをしたいと思うのは当然だろう。ただ、相続人じゃないから、遺言にきちんと書いておかないと、後で問題になるかもしれんな。」

フネは頷きながら言いました。

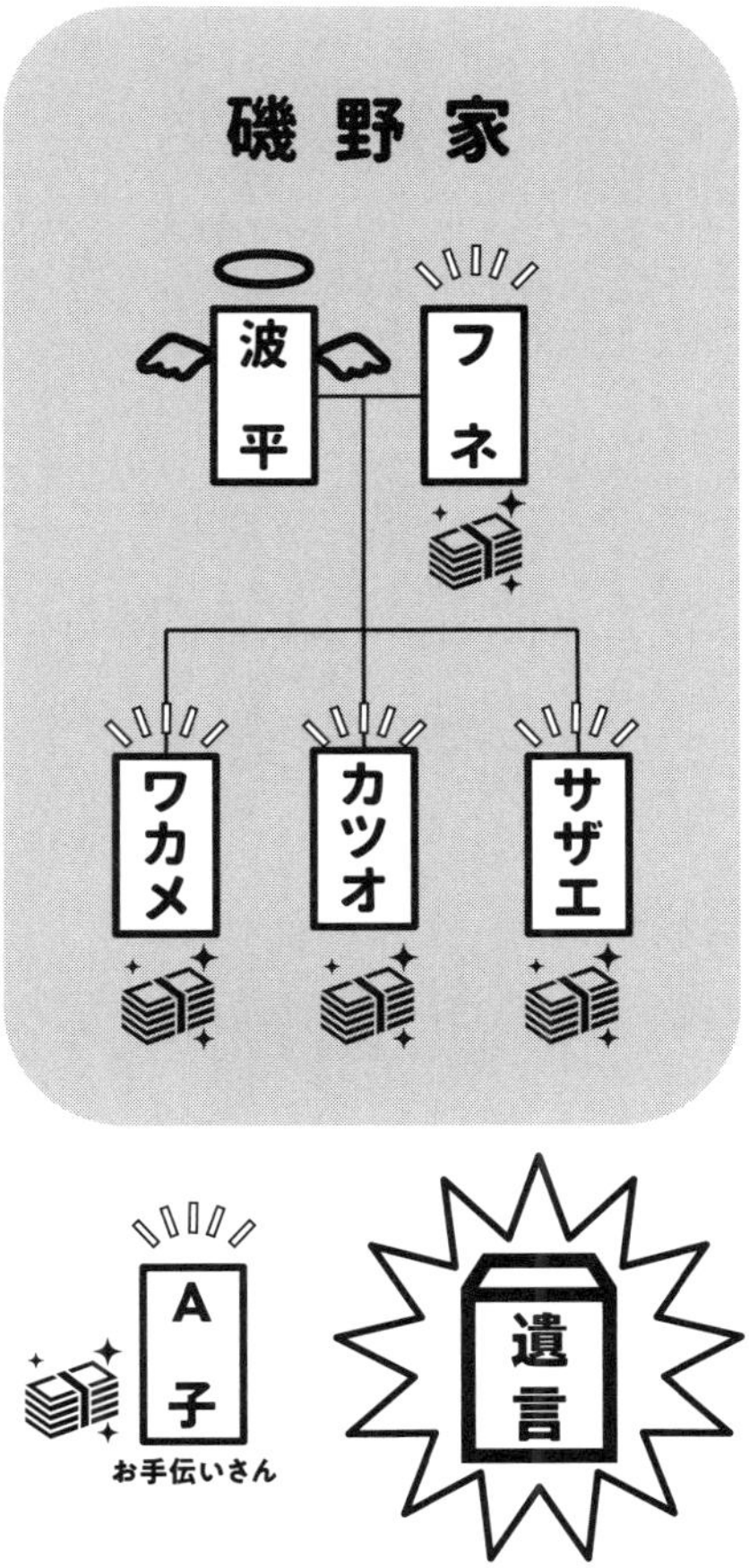


もめるパターン08　**相続人以外にお世話になった人がいる場合**

遺言を残せば、血縁関係がなくても財産を残すことができる

「そうですね。だから、遺言を作って、その人に少しでも財産を残すようにしておいたらいいんじゃないのかしら。」

波平はしばらく黙って考えた後、静かに頷きました。

「あの人には、本当にお世話になったからな。財産の一部を残して、これからも穏やかに暮らせるようにしてあげるのは、私たちの責任かもしれんな。」

フネは少し微笑みながら言いました。

「お父さんもそう思ってくれるなら、遺言の準備を進めましょう。サザエたちだけでなく、あの人にも感謝を形で伝えられるように。」

波平はフネの手を取りながら応えました。

「ああ、そうしよう。あの人にも、心からの感謝を伝えられるようにしなければな。」


法定相続人以外の人には原則として相続権がありません。

そのため、波平が「家族以外のお世話になった人に財産を残したい」と考えている場合、遺言を作成してその意向を明確にしておく必要があります。

たとえば波平が、磯野家の家事を手伝ってくれた近所の人や、親しい友人、介護をサポートしてくれた知人に感謝の気持ちを伝えたい場合、遺言で具体的な財産を遺贈することができます。

遺言がない場合、法定相続人であるフネ、サザエ、カツオ、ワカメたちが財産を受け継ぐため、波平の意向は反映されません。

またお世話になったのが法人（介護施設や病院など）の場合でも同様に、遺言を作成することで、遺贈を実現することができます。

**遺言がないと相続人以外の人や法人に財産を渡すことができません**。波平の感謝の気持ちを形にして表現することができないという事態を避けるためにも、早めに遺言を作成することが重要です。

相続でもめるパターン09

## 行方不明の相続人がいる場合

波平が亡くなり、フネとサザエ、ワカメたちは遺産分割を進めるために集まっていました。しかし、話し合いの場には一つの大きな問題がありました。

「お母さん、これじゃあどうしようもないわ。」

サザエが苛立った様子で書類をテーブルに置きます。

フネは困惑した表情を浮かべながら、手を膝のうえで握りしめました。

「そうね……カツオが行方不明では、遺産の分け方を決めることもできないわ。」

「本当にどこに行ったのかしら、お兄ちゃん。」

ワカメが小さくため息をつきながら呟きます。

「数年前にふらっと家を出たきり、連絡も途絶えたままだなんて……どうしてこんな時にいないのよ。」


弁護士が重い空気の中、静かに口を開きました。

「皆さん、現状では、行方不明のカツオさんを含めて遺産分割を進めるのは非常に難しいです。法律上、行方不明者がいる場合、その人を見つけ出さない限り遺産分割は進められません。」

「じゃあ、どうすればいいんですか?」

サザエが弁護士に詰め寄るように聞きます。

「一つの方法は、カツオさんを『失踪宣告』によって法的に亡くなったとみなす手続きを行うことです。ただし、それには失踪から7年が経過している必要があります。」弁護士は冷静に説明します。

「7年⁉」サザエは思わず声を上げました。

「そんなに待たなきゃいけないの？　その間、私たちは何もできないってこと？」

「そうなります。ただし、家庭裁判所に申立てを行い、カツオさんの相続分を一時的に保留する形で手続きを進めることも可能です。しかし、それでも分割の自由度は限られます。」弁護士は続けました。

フネは深くため息をつき、テーブルに視線を落としました。

「お父さんが、もし生前に遺言を残してくれていたら、こんなことにはならなかったのかもしれないわね……。」

弁護士は静かに話を締めくくりました。

「行方不明の相続人がいる場合、遺産分割が複雑になることはよくあります。波平さんの遺言があれば、このような問題を避けることができたでしょう。

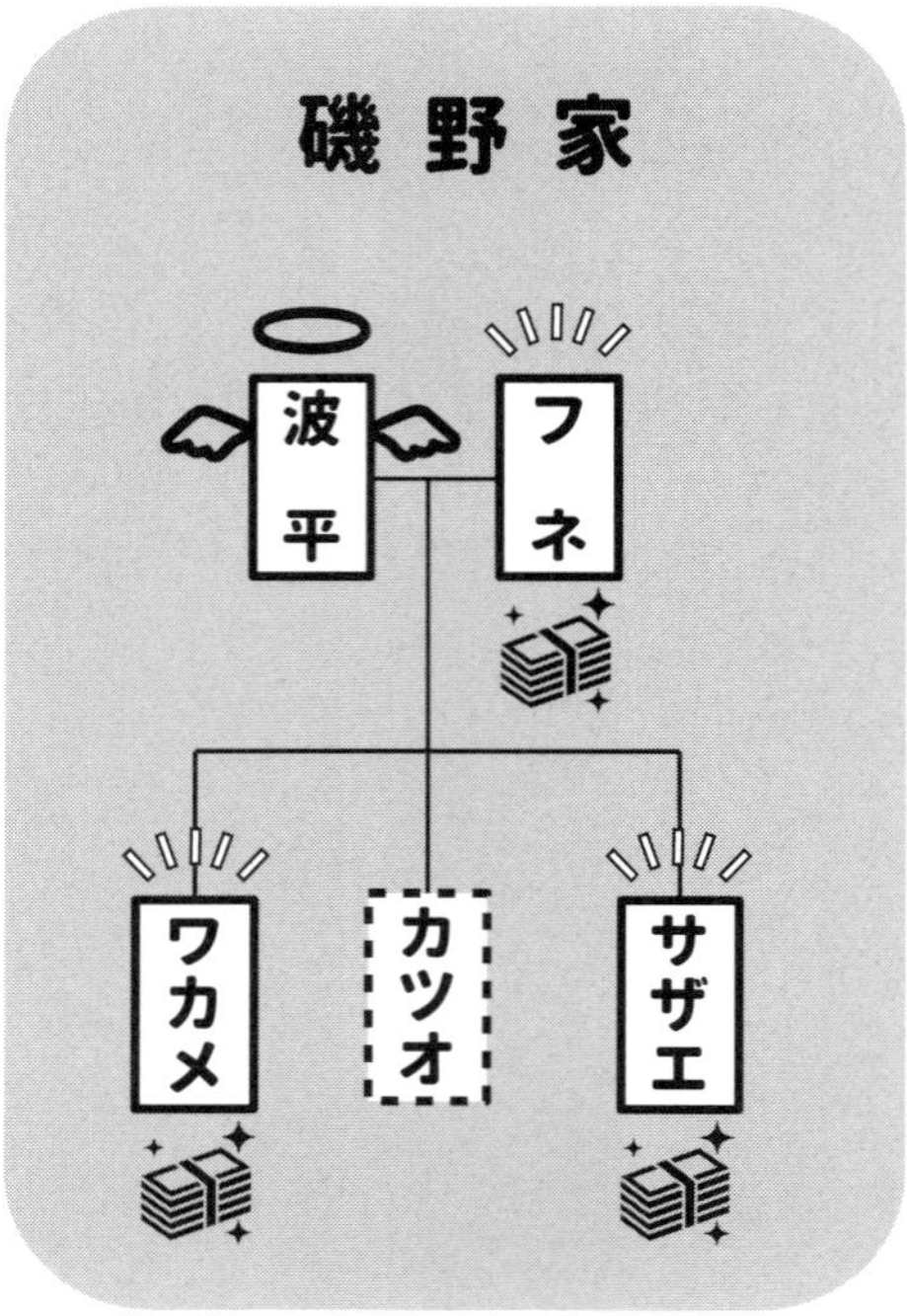

もめるパターン09　**行方不明の相続人がいる場合**

相続人の中に行方不明者がいても、
遺言があれば遺産分割ができる

これから発生する相続に関しても、ご家族でしっかりと考えていくことをお勧めします。」

フネは深く頷き、重い空気の中、静かに決意を固めました。

「お父さんのことを教訓にして、これから家族の未来を守る準備を進めましょう。カツオがどこかで無事でいてくれることを祈りながら……。」

相続人の中に行方不明者がいると、遺産分割協議が進められません。

カツオが行方不明の場合でも、法定相続人として遺産分割協議に参加する必要があります。このままでは他の相続人も遺産分割が成立しない以上、財産を受け取ることができません。

解決策として、家庭裁判所に申し立てて「不在者財産管理人」を選任し、カツオの代わりに遺産分割協議を進めてもらう方法があります。

また、行方不明の期間が七年以上であれば、家庭裁判所で「失踪宣告」を申し立てることも可能です。これにより、カツオは死亡したものとみなされ、遺産分割協議を進められるようになります。

行方不明者がいる場合でも円滑に遺産分割協議や相続手続きを進められるようにするためには、波平が生前に遺言を作成しておくことが必要となります。

遺言があれば、遺言の内容のとおりに遺産分割ができますから、カツオが行方不明でも相続手続きを進めることができるのです。

相続でもめるパターン10

## 相続財産がどこにどれだけあるのかわからない場合

「お母さん、この世田谷の家以外にも、不動産を持っているってお父さんが話してたけど、それってどこにあるの?」

サザエが書類を手に取りながら尋ねました。

フネは困ったように眉をひそめて首を横に振りました。

「ええ、お父さんが不動産をいくつか持っているとは聞いていたけれど、具体的な場所や名義については詳しく聞いていないの。」

カツオはソファに座り、頭を抱えながら言いました。

「お父さん、そんな大事なことをなんでちゃんと教えてくれなかったんだよ……。不動産だけじゃなくて、預金や株もあるって話していたけど、どこの銀行なのかもわからないし、どこの会社の株なのかもわからないや。」

「これじゃあ、何がどれだけあるのか全然わからないわ。」

サザエがため息をつきながら机のうえの書類を見つめます。

「世田谷の家のほかに土地があるって言っていたのは覚えているけど、どこにあるかは知らないし、預金や株なんて手がかりもないじゃない。」

ワカメが静かに口を開きました。

「でも、相続手続きを進めるには全部把握しないといけないのよね？　どこに何があるのかわからないままだと進められないわ。」

フネは肩を落としながら呟きました。

「家族には細かいことをあまり話さない人だったから……。でも、こうして困ることになるなら、もっと聞いておけばよかったわね。」

カツオが少し苛立った様子で言いました。「お父さん、ちゃんと遺言を残して、どこにどんな財産があるかわかるようにしておいてくれればよかったのに！　僕たちだけで探すのは無理だよ！」

**相続財産がどこにどれだけあるか相続人に不明な場合でも、波平が遺言を書いておけば、財産の分配方法や意向を明確に伝えることができます。**

たとえば、波平が「世田谷の家はフネに、その他の財産は子どもたちで均等に分ける」とし、「その他の財産」について具体的に明らかにした内容の遺言を残しておけば、相続人が波平の存命中においては財産の詳細をすべて把握できていなくても、遺言に従って財産全体を明らかにして分配の方向性を決めることが可能です。

遺言を作成するにあたっては相続財産の目録を記載することになるため、預金口座や不動産など、どのような財産があるのかを相続人が知る手助けになるのです。これにより、相続手続きがスムーズに進むだけでなく、家族間の争いを未然に防ぐ効果も期待できます。

遺言を作成することで、相続人が財産を完全に把握していなくても、波平の意思が尊重されるうえ、相続人にとっての負担を軽減することができます。

相続でもめるパターン11

## 相続財産の大部分が不動産の場合

「お母さん、これが全部なの？」

サザエが権利書を手に取りながら尋ねます。

フネは小さく頷いて答えました。

「ええ、お父さんの財産はこの世田谷の家と、少しの預金だけなの。預金も思ったより少なくて……。」

「それって、どうやって分けるの？」

カツオが腕を組みながら首を傾げます。

「預金は少ないし、この家なんて分割できるわけないじゃないか。」

「本当にそうよね。」

サザエはため息をつきながら権利書を机に戻しました。

「この家を売るっていう方法もあるけど、そうしたら、お母さんが引っ越さないといけないわね。」

ワカメが静かに口を開きました。

「でも、このまま家を共有にするのも問題よね。共有名義にすると、何かあるたびにみんなで協議をする必要があるし、将来誰かが売りたいと思ったときにもめるかもしれないわ。」

カツオは苛立った様子で言いました。

「だったらどうするんだよ？　僕たちが相続人として権利を持つ以上、この家をどうするかを決めないといけないんだろ？」

フネは肩を落としながら静かに言いました。

「お父さんも、この家をどうするかを考えて遺言を作ってくれていれば、こんなことにはならなかったんだけれど……。」

**相続財産の大部分が不動産の場合、公平な遺産分割が難しくなるため、遺言を書いておくことが重要**です。

不動産は現金のように分割が簡単ではなく、売却するか特定の相続人が単独で相続するかを決めなければなりません（共有にすることも可能ですが、管理や処分が難しくなるのでお勧めできません）。

財産をどのように分割するかについて、事前に遺言で指定しておくことで、相続人間の争いを防ぐことができます。たとえば、波平が「世田谷の家はフネが住み続けられるようにする」「カツオとワカメには別途現金を渡す」と遺言で明記しておけば、家族全員が納得しやすくなります。

一方で遺言がないと、法定相続分で分割されるため、家を売却する必要が生じたり、相続人間でトラブルに発展したりする可能性があります。不動産が相続財産の中心になる場合、遺言は被相続人の意向を明確に伝え、円滑な相続を実現するための鍵となります。

## 遺言でやってはいけないこと、やるべきこと

「お父さん、何を書いているの？」

サザエが顔を覗き込むと、波平は手を止めて答えました。

「遺言を作ろうと思ってな。ワシがいなくなったとき、家族がもめないように。」

フネは波平の横に座りながら、優しく声をかけました。

「お父さん、それはいい考えだわ。でも、その書き方で大丈夫かしら？」

波平は少し不思議そうな顔をして言いました。

「自筆で書けばいいんだろう？　これで十分じゃないのか？」

サザエが少し眉をひそめながら答えました。

「それがね、お父さん。**自筆証書遺言って、簡単そうに見えて実は問題が多い**のよ。たとえば、書き方に不備があったら無効になっちゃうし、保管方法を間違えると見つけてもらえないこともあるの。」

「何だと？　せっかくワシが苦労して書いたものが無効になるかもしれないというのか？」波平は驚いた表情を浮かべました。

フネが落ち着いた声で続けました。

「そうですよ、お父さん。自筆証書遺言は基本的に全部自分で書かなきゃいけないし、日付や名前を正確に書かないと認められないのですよ。それに、亡くなった後に家庭裁判所で検認という手続きも必要になるから、家族にとっても手間が増えてしまいますの。」

波平は腕を組みながら考え込みました。

「それは面倒だな……では、どうすればいいというのだ?」

サザエはにっこり笑いながら応えました。

「お父さん、**公正証書遺言**にしたほうがいいわ。公証役場で作成するから、法律のプロが内容を確認してくれるし、不備がなくなるの。それに、原本が公証役場に保管されるから、なくす心配もないのよ。」

フネも頷きながら続けました。

「そうね。それならお父さんが亡くなった後でも、家庭裁判所の検認が必要ないから、私たち家族がすぐに手続きを進められるわ。」

波平は少し驚きながらも納得した様子で言いました。

「なるほどな……公正証書遺言というのが、確実で家族にも負担をかけない方法なのか。だが、手間も費用もかかるのではないのか?」

サザエが答えました。「確かに費用は少しかかるけど、お父さんがせっかく遺言を残しても、それが無効になったりもめ事が起きたりするよりずっとよいと思うの。」

波平は深く頷きながら応えました。

「お前たちの話を聞いていると、公正証書遺言のほうが安心だな。よし早速、公証役場で相談してみることにしよう。」

フネは微笑みながら波平に言いました。「それがいいですわ、お父さん。これで家族みんなが安心できる遺言を残せますね。」

波平は机に向かい直りながら、改めて自分の家族を思い浮かべました。

「ワシの遺言が、家族の平和を守る一助になればそれでいい。よし、きちんと準備を進めるとしよう。」

遺言には大きく分けて、①自筆証書遺言、②公正証書遺言の二種類があります（秘密証書遺言もありますが、一般的ではありませんのでここでは説明しません）。

この中で、自筆証書遺言は簡単に作成できる反面、避けた方が良い場合が少なくありません。

## やってはいけないこと：自筆証書遺言のリスク

・**形式不備で無効になる可能性**：法的な形式を満たしていない場合、無効

になるリスクがある

・**発見されない可能性**：遺言を発見することができず、遺言の存在が無視されることがある

・**改ざんや隠蔽のリスク**：他の相続人による改ざんや意図的な隠蔽の恐れ。保管場所には注意が必要

・**検認手続き等の相続人の負担**：自筆証書遺言は相続手続きの際に家庭裁判所での検認手続きが必要で、相続人にとって負担となる

これらの面倒を避けるためには、公証人が作成に関与し、法的に確実な公正証書遺言を選ぶことが推奨されます。

## やるべきこと：公正証書遺言の活用

公正証書遺言は、公証人が作成に関与し、法的有効性が確保されるため、前述のリスクを回避できます。公正証書遺言を作成すれば、遺言の内容が確実に実行されます。

**遺言を確実に有効にするためには、自筆証書遺言は避け、できる限り公正証書遺言を作成することが重要**です。これにより、家族の間のトラブルを回避し、被相続人の意思を確実に伝えることができます。

このように公正証書遺言の作成をお勧めしますが、念のため**自筆証書遺言を作成する際に気を付けたいポイント**について解説します。

## ①すべて自筆で作成すること

**自筆証書遺言は基本的に、全文を自筆で作成する必要**があるため、形式に不備があると無効になる可能性が高いのが最大の問題点です。

また、専門知識がない方が遺言を作成すると、内容が不明確になり、相続人間で解釈が分かれ、争いの原因になります。

## ②日付を記入すること

**自筆証書遺言では、日付を記入することが法律で求められています。**

日付が「○月吉日」などの不明確な記載をした場合や記入漏れがあると、遺言全体が無効になる危険があります。日付が重要な理由は、複数の遺言が存在する場合、日付が不正確だとどれが最新のものかが判断できず、相続手続きが複雑化する可能性があるからといわれています。

そのため、日付は具体的に「○年○月○日」と記載することが必須であり、これを欠くと遺言の効力が認められない場合があります。

### ③自署・押印をすること

**遺言者本人が氏名を自署し、押印することが法律で求められています。**

氏名の記載がない場合や、代筆や印刷で作成されたものは無効とされます。印鑑は実印でなくても構いませんが、認印やシャチハタでは信頼性が低く、相続人間で紛争に発展する原因となる可能性があります。

特に、署名が不完全だったり、押印が省略されていたりすると、遺言自体の法的効力が認められないため、注意が必要です。

## ④正しい方法で加除訂正すること

**遺言内容を加除訂正する場合には、法律で定められた正しい方法を守る必要があります。**

具体的には、**訂正箇所を二重線で消す、二重線の近くに訂正する内容を記載し、さらに訂正箇所に印を押す**ことが求められます。

また、遺言書末尾に「何字を訂正した」などを記載する必要があります。

これらの手続きが守られていない場合、加除訂正部分は無効となり、遺言全体の効力に影響を及ぼす可能性があります。

たとえば、波平が自筆証書遺言を作成し、相続財産の分け方を変更しようとした際に、正しい処置を行わなかった場合、その部分が無効となり、相続人間の争いになる可能性もあります。

## ⑤適切な場所に保管すること

**自筆証書遺言を適切な場所に保管することが非常に重要**です。

そうしないと、遺言書が家族や相続人に発見されず、存在しないものとみなされ、波平が意図した遺産分割が実現しなくなってしまいます。

また、自宅で保管すると、紛失や火災、相続人による改ざんや隠蔽のリスクもあります。

自筆証書遺言を法務局で保管する制度が整備されていますが、この方法を利用すれば、安全性と確実性を高めることができます。家庭裁判所での検認も不要になるため、相続手続きがスムーズに進みます。

正しい保管方法を選ぶことで、遺言が確実に家族に届き、波平の意思が尊重される相続が実現します。

## 将来の争いを避けるために今すぐやるべきこと

波平、フネ、サザエ、カツオ、ワカメが茶の間に集まり話しています。相続や遺言の話題についての意見交換をしているようです。

「お父さん、本当にいろんなことを話してきたわね。」

サザエが少し微笑みながら口を開きました。

「遺言一つで、家族のもめごとを避けられるかもしれないって、改めて思ったわ。」

カツオが腕を組みながら頷きました。

「いや、本当にそうだよ。僕たちも正直、何をどうすればいいのかわからなかったけど、遺言があるだけで話がだいぶスムーズになるのは間違いないね。」

ワカメも続けました。

「お父さんが亡くなった後に私たちがもめたりしたら、お父さんも天国で悲しむわ。だからこそ、今のうちにきちんと準備しておくべきだと思うの。」

波平はそれぞれの言葉を静かに聞いてから、ふと考え込んだように口を開きました。

「ワシも、自分の意思をしっかりと形に残しておく必要があると思うようになった。だが、ワシが一人で書いた遺言が本当に法律的に正しいのか、不安が残るのも事実だな。」

フネが優しく言いました。

「お父さん、だからこそ専門家に見てもらうのが大切なんですよ。遺言はただ作るだけじゃダメなんです。法律に沿った形で作らないと、後で無効になることもあるんですもの。」

サザエも頷きながら言いました。

「そうよね。専門家に見てもらえば、家族が安心できる遺言を確実に作れるし、私たちももめずに済むわ。」

カツオが少し冗談めかして言いました。

「お父さんが書いた遺言が『波平の哲学』みたいにお父さんの考えをまとめたもので、財産の分け方について書かれていなかったら大変だもんね。ちゃんとした形にしておかないと、僕たち困っちゃうよ。」

波平はカツオを睨みながらも苦笑しました。

「お前はいつもふざけてばかりだな……だが、確かに専門家に確認してもらうべきだろう。これまで話してきた内容を踏まえて、確実な遺言を作る必要があるな。」

ワカメが「それに、専門家に相談すれば、どんな内容を盛り込むべきかも教えてくれるわ。お父さんがどんな気持ちで遺言を作ったのかを、きちんと伝えることができると思うの。」と提案しました。

フネが穏やかに波平を見つめながら言いました。

「お父さん、私たち家族が安心して暮らせるようにするためにも、遺言を作ることは本当に大事ですよ。これは私たちへの最後の贈り物になるかもしれないですね。」

波平は深く頷きながら、決意を込めて言いました。

「わかった。早速、弁護士に相談して遺言を作る準備を始めよう。家族が争わないように、ワシの最後の責任を果たさなければならん。」

## ①遺言とともにメッセージを残す

遺言は遺産分割を円滑に進める重要な手段ですが、相続人間の感情的な対立を完全に防ぐ効果までは期待できません。

ただし、**遺言の最後に自分の思いや家族への感謝のメッセージなどを書い**

**ておくことで、将来の紛争を防ぐ効果を期待することはできます。このメッセージを「付言事項」といいます。**

波平が「世田谷の家はフネが安心して住めるように残します。」と遺言で示すとともに、「この家は私たち家族の思い出が詰まった大切な場所です。皆がこの家を大切に思ってくれることを願っています。フネを支えてくれるようによろしくお願いします。」といった付言事項を添えれば、相続人たちが波平の意図をより深く理解できるようになります。

また、付言事項において感謝の言葉や、遺産分割の理由を簡単に説明することで、「なぜこのような分け方をしたのか」という疑念を抱いて、家族の間で不信感が高まることを防ぐことができます。特定の相続人に対して多めに財産を渡す場合でも、「長年の介護に感謝を込めて」と記すことで他の相続人の納得が得られます。

付言事項は、法的な効力を持たないものの、家族間の感情的な摩擦を緩和し、遺産分割を円満に進めるための指針になります。

家族への思いをしっかり伝えて、相続が「争続」になるのを防ぐことができるのです。

## ②専門家に確認してもらう

遺言を作成する際には、**専門家にその内容を確認してもらうことが将来の争いを防ぐために重要**です。

遺言は法律上の要件を満たしていなければ無効となるリスクがあるため、専門家のアドバイスを受けることで、形式や内容に不備がないようにすることができます。

波平が「世田谷の家は相続人全員で売却して、各相続分に応じて売却代金を分ける。その他の財産は子どもたちで分ける。」という遺言を書いた場合でも、文言が曖昧であったり、法律上の細かい要件を満たしていなかったりすると、相続人間で解釈が異なり、トラブルの原因になる可能性があります。

弁護士に相談すれば、法的に有効な遺言作成だけでなく、相続税の対策や相続人間の公平性についてもアドバイスを受けることができます。

このように、専門家に確認してもらうことで、遺言の内容を確実に実現することができ、相続手続きがスムーズに進むだけでなく、家族間の「争続」を未然に防ぐことができます。遺言を残したいと考える場合は、専門家の力を借りることが確実な方法です。

## ③検認手続きが必要なことを伝える

遺言の中でも、**自筆証書遺言を作成した場合、相続人が遺言書を開封する前に家庭裁判所で「検認手続き」を行う必要**があります。

内容を確認し、改ざんを防ぐためのものですが、相続人にとっては時間と手間がかかるため、事前にその必要性を伝えておくことが重要です。

波平が自筆証書遺言を作成して世田谷の家をフネに残すと記載していた場合、フネや子どもたちは、家庭裁判所で検認手続きを受けなければなりません。相続人全員への通知や、遺言の保管状況の確認などが必要となり、手続きの負担が生じます。検認手続きが必要なことを家族に伝えたうえで、「勝手に遺言書を開封してはいけない」ことを理解してもらう必要があります。検認手続きの煩雑さを避けたい場合は、公正証書遺言を利用することを検討するのも一つの方法です。

公正証書遺言は、公証人が作成に関与し、公証役場で保管されるため、検認手続きが不要となり、相続人の負担を軽減することができます。

自筆証書遺言を選ぶ場合でも、検認手続きについて事前に家族に伝えておくことで、相続人が安心して相続手続きを進める準備を整えられます。

## 葬儀・お墓

「お父さん、これで終活と家じまいの準備は大体できたんじゃない？」サザエが資料をまとめながらほっとした表情で言いました。

波平は腕を組みながら、どこか満足げに頷きました。「ああ、家のこともその他の財産のことも、これでほとんど整理がついたな。ワシとしては、ようやく肩の荷が下りた気分だよ。」

「でも、お父さん、それで本当に終わりかしら？」

フネが少し考え込むように口を開きました。

波平は驚いた顔をして言いました。

「どういうことだ？　まだ何かやるべきことが残っているのか？」

フネは静かに微笑みながら答えました。

「家やその他の財産のことだけじゃなくて、葬儀やお墓のことも考えておくべきじゃないかしら。お父さんがどんなふうに送り出されたいのか、私たちも知っておきたいですわ。」

サザエも頷きながら言いました。

「確かに、お母さんの言うとおりだわ。葬儀の種類やお墓のことって、意外と話し合う機会がないものよね。でも、事前に考えておけば、いざという時に慌てずに済むと思うの。」

カツオが腕を組みながら言いました。

「葬儀って普通にお寺さんでやるだけじゃないの？　そんなに考えることあるの？」

ワカメが冷静にカツオに答えました。

「今は葬儀にもいろんな種類があるのよ。たとえば、家族葬みたいに親しい人だけでやる方法もあれば、お寺で大規模にやるものもあるし、最近では火葬だけのシンプルな直葬なんてものも増えているみたい。」

「なるほど……。」

波平は腕を組みながら少し考え込みました。

「ワシとしては、普通にお寺で送り出してもらえればいいと思っていたが、家族葬や直葬という選択肢もあるのか。それは初めて知った。」


フネが静かに言いました。

「それだけじゃないのですよ、お父さん。最近では自然葬といって、遺骨を海や山に散骨する方法もあるようですよ。お墓をどうするかも含めて、いろいろ考える必要がありますね。」

サザエは手元の資料をめくりながら提案しました。

「それなら、お父さんの希望をしっかり聞いて、家族みんなで考える時間を作ったほうがいいわね。葬儀もお墓も、お父さんの希望を大事にしたいもの。」

波平は深く頷きながら言いました。

「そうだな……ワシがどういう形で送り出されたいかをきちんと考えて、みんなに伝えておくべきだろう。これも終活の大事な一部だな。」

フネが優しく微笑みながら言いました。

「ええ、お父さん。これからのことを家族みんなで話し合いながら決めていきましょう。これも、家族が安心して過ごせる準備の一つだと思いますよ。」

波平たちは静かに頷き合いながら、それぞれの想いを胸に、葬儀やお墓について具体的に考え始めました。

## 葬儀の種類

「お父さん、葬儀っていっても、今はいろんな種類があるみたいよ。」サザエが資料をめくりながら言いました。

波平は腕を組んで考え込みます。「葬儀はお寺でやるものだと思っていたが、それ以外にも方法があるとは知らなかったな。」

「最近葬儀のバリエーションが増えているみたいよ。」ワカメが頷きながら説明を続けます。「たとえば、**一般葬**といって、親族や知り合いをたくさん呼んで盛大にやるのは、昔からよくある形式よね。でも最近は、**家族葬**といって、親しい家族だけで静かに行う葬儀も増えているのよ。」

フネが穏やかに微笑みながら言いました。「そうね。家族葬だと費用も抑えられるし、家族だけの時間を大切にできると考える人も多いみたい。私たちのような家族に合っているかもしれないわ。」

「家族葬か……確かに静かでよさそうだが、ワシは親しい友人たちにも来てもらいたい気がするな。」波平は少し考え込んで言いました。

カツオが資料を手に取りながら話に加わります。

「それ以外にも、**直葬**っていうのもあるみたいだよ。これはお通夜や告別式をしないで、火葬だけで済ませる方法なんだって。費用が一番安く済むみたいだけど、ちょっと寂しい気もするな。」

サザエが頷きながら続けます。

「たしかに、直葬はシンプルだけど、お父さんを送り出すにはもう少しちゃんとしたお別れの場があったほうがいいかもしれないわね。」

「そういえば、**一日葬**っていうのもあるみたいよ。」

ワカメが資料を見ながら言いました。

「これは、お通夜をせずに告別式だけを行う形式で、時間や費用を抑えられるのがメリットみたい。」

フネは波平を見つめて言いました。

「お父さん、いろいろな葬儀の形式がありますけれど、どんなふうに送り出されたいですか？　お父さんの希望を事前に教えてもらえれば、私たちも準備をしやすくなりますよ。」

波平は腕を組みながら考え込みました。

「そうだな……昔ながらの一般葬もいいが、今の時代、家族葬のような形で、家族と親しい友人たちに見送られるのも悪くない気がするな。」

サザエが応えます。

「お父さんらしい選択ね。でも、こうしていろんな種類があることを知ると、私たちもちゃんと考えなきゃいけないって気づかされるわ。」

カツオが少し冗談めかして言いました。

「お父さんが望む形で送り出してあげるよ。もちろん、ちゃんと僕たちの意見も聞いてもらうけどね！」

波平はカツオを睨みながらも苦笑いを浮かべました。

「お前はいつまで経っても口が減らないな……。だが、家族みんなでこうして話し合えるのはありがたいことだ。」

「お父さん、家族みんなで話し合いながら、これからの準備を進めていきましょうね。きっと一番良い形が見つかりますわ。」

とフネは笑顔で話しました。

葬儀は故人を見送り、遺族や参列者が別れを告げるための重要な儀式ですが、その形式や規模は地域や家族の事情によって様々です。故人の希望や状況に合った方法を選ぶべきでしょう。

## 一般葬

**一般葬は、家族や親族に加えて友人や知人、近隣住民など多くの参加者が参加する伝統的な形式の葬儀**です。

通夜と告別式を行い、参加者からお香典やお供え物を受け取ります。

費用は規模に比例して高額になることが多いですが、波平のように近所づきあいや交友関係が広い場合や、残された家族が個人に感謝を込めて盛大に送り出したいと考える場合に適しています。

## 家族葬

**家族葬は、家族や親しい友人だけで執り行う小規模な葬儀**です。費用を抑えられるうえ、故人との最後の時間をゆっくりと過ごせるという特徴があります。

波平が「子どもたちや孫だけで静かに見送ってほしい。」と希望する場合、この形式が適切かもしれません。

## 直葬（火葬式）

**直葬は、通夜や告別式を行わず、火葬のみで故人を見送る方法**です。

費用を極力抑えられるため、経済的な理由やシンプルな見送りを望む場合に選ばれることが増えています。

ただし、儀式を行わないので遺族が故人との別れを十分に認識できないままになり、精神的な負担を感じる場合もあります。

### 一日葬

**一日葬は、通夜を行わず、告別式のみを一日で行う葬儀形式**です。

費用や時間を節約しつつ、儀式を簡略化せずに行いたい場合に選ばれます。

### その他の形式

「葬儀」という形式にこだわらず、**故人の個性や希望を尊重した見送り方を選ぶことができる**のが特徴です。

波平やフネのように、伝統を重んじる家族の場合、一般葬か家族葬のどちらかを選ぶことが多いようですが、どの形式で葬儀を執り行うかを事前に家族で話し合っておくことが重要です。

家族の負担を減らし、故人への感謝をしっかりと表現する方法を考えるとよいでしょう。

## 葬儀社の選び方

磯野家の茶の間のテーブルの上には、いくつかの葬儀社のパンフレットが並んでいます。

「葬儀の方法を決めたら次はどこにお願いするかよ。お母さん、葬儀社ってどこでも同じってわけじゃないのね。」

サザエがパンフレットを手に取りながら言いました。

「費用もサービス内容も、かなり違うみたい。」

フネは頷きながら応えました。

「そうね。信頼できる葬儀社を選ぶことが大事だわ。葬儀は一度きりだから、後悔しないようにしないと。」

カツオが資料を見ながら言いました。

「口コミや評判も調べたほうがいいよね。家族葬とか一日葬にするなら、それに慣れているところだと相談もしやすそうだし。」

「そういえば、事前に見積もりを取っておくのも大事みたいよ。」

ワカメが話に加わります。

「費用がどれくらいかかるのかわかれば、安心して準備を進められるものね。」

フネは微笑みながら子どもたちに言いました。

「ええ、みんなでしっかり話し合って、安心して任せられる葬儀社を選びましょう。お父さんを送り出すためにも、信頼できるところにお願いしたいわね。」

**葬儀を行ううえで、信頼できる葬儀社を選ぶことは非常に重要**です。

葬儀社の対応やサービス内容によって、故人を見送る際の満足度や遺族の負担が大きく変わります。家族の絆を大切にするためにも、慎重に選ぶことが必要です。

## 希望する葬儀形式に対応しているか確認する

まず、**本人や家族が希望する葬儀の形式（一般葬、家族葬、直葬など）に対応している葬儀社を選ぶ**ことが大切です。特定の形式を希望する場合、その形式に対応できる経験豊富な葬儀社を選ぶべきです。

波平が「家族だけで静かにお願いしたい」と望む場合は、家族葬に特化した葬儀社を検討するのが良いでしょう。

## 費用の内訳を明確にしてもらう

葬儀には多くの費用がかかるため、**費用の透明性**は非常に重要です。複数の葬儀社から見積もりを取り、何にいくらかかるのかを確認しましょう。通夜や告別式における細かい項目ごとに料金が明確に提示されていることをチェックする必要があります。

## 口コミや評判を確認する

**実際にその葬儀社を利用した人々の口コミや評判を確認する**ことも大切です。特に対応の丁寧さや、遺族への配慮の点で評価されている葬儀社を選ぶと安心です。

## 二十四時間対応かどうかを確認する

葬儀は突然のことが多いため、**二十四時間対応している葬儀社を選ぶことが安心につながります**。夜間や早朝に万が一のことがあった際でも、迅速に対応してくれる葬儀社が心強い味方になります。

## オプションサービスを確認する

葬儀社によっては、遺品整理やお墓の相談、法要のサポートなど、葬儀以外の関連サービスを提供している場合もあります。

## 事前相談を実施しているところを活用する

事前に葬儀社へ相談し、プランや流れを確認することで、当日の混乱や不安を減らすことができます。

また、家族の希望や予算を伝えることで、自分たちに最適なプランを提案してもらいましょう。準備を万全なものにするためには、事前相談を活用して希望を具体的に伝えておくことが大切です。

**葬儀社を選ぶ際は、家族の希望や予算に合ったサービスを提供し、丁寧に対応してくれる信頼できる業者を見極めることが重要**です。

波平やフネのように家族の負担軽減や利便性を大切にする場合、慎重な選択が後悔のない葬儀につながります。

## 墓じたく

葬儀について話し合った磯野家では、「墓じたく」についても家族みんなで話し合っていました。テーブルの上には墓石のパンフレットや霊園の資料が並べられています。

「お父さんのお墓のことだけど、どうするのがいいですかね。」

フネが資料を見つめながら呟きました。

サザエが少し考え込みながら応えます。

「お母さん、普通にお寺にお墓を建てるのが当たり前だと思ってたけど……。お墓は建てる時の費用がかかるだけじゃなくて、維持費や管理も必要になるのよね。」

カツオが腕を組みながら言いました。

「それが問題なんだよな。僕たちがこれからちゃんとお墓を管理していけるのか、正直不安だよ。霊園の掃除とか手続きとか、結構大変なんじゃない？」

ワカメが心配そうに言葉を続けます。

「それに、私たちみんなが遠くに住むようになったら、お墓の管理が難しくなることも考えないといけないわよね。」

フネは少し眉をひそめながら答えました。

「そうね……お墓を建てるのが当たり前だと思っていたけれど、これからの家族の生活や費用のことも考えると、他の選択肢も視野に入れるべきかもしれないわ。」

「他の選択肢って？」

カツオが身を乗り出して聞きました。

資料を手に取りながらサザエが説明します。

「最近は、永代供養墓とか樹木葬っていうのもあるみたいよ。永代供養墓なら、霊園やお寺が管理してくれるから、家族が負担を抱えることがないの。それに、樹木葬は墓石の代わりに樹木を墓標とするから、費用も比較的抑えられるんですって。」

ワカメは「それなら、将来的に私たちが管理できなくなっても安心できるかもしれないわね。」と言って興味を示しました。

「でも、どんな形で供養するかは、お父さんの意思を尊重したいわ。磯野家のお墓を建てるのか、永代供養墓にするのか、お父さんに相談して家族でじっくり考えましょう。」

フネは子どもたちに同意を求めます。

カツオは少し考え込みながら言いました。

「どんな形で供養するにしても、お父さんが安心して眠れる場所を作るのが一番大事だよな。費用や管理のことも含めて、みんなで納得できる方法を選ぼう。」

サザエは納得した様子で言いました。

「そうね。家族みんなでお父さんを供養する方法をしっかり話し合って決めましょう。それが、これからの私たちにとっても安心できる形になると思うわ。」


**「墓じたく」とは、亡くなった後の安置場所や供養方法を事前に考え、準備することを**いいます。波平やフネのように、自分たちの生前の「終の住処」

をどうするか決める「家じまい」は、家族にとって大きな安心になりますし、将来のトラブルを防ぐ助けになります。死後における「終の住処」であるお墓について準備することが「墓じたく」なのです。

墓じたくを早めにすることで、家族の負担を軽減することができます。

## お墓の種類を知る

**墓じたくを進める際には、まずどのような供養方法を選ぶかを検討**します。
最近では、伝統的な家族の墓に加え、様々な選択肢があります。

- **家族墓**：一般的な供養の形式で、家族全員が同じ場所に埋葬されるお墓。代々続く家系の場合にはこの形が一般的
- **夫婦墓**：夫婦だけが眠るお墓。子どもなどの跡継ぎがいない夫婦の場合、この形式が適している
- **永代供養墓**：継承者がいなくても、寺院や霊園が管理してくれるお墓。継承者が不要なため、子どもや親族に管理の負担をかけずに供養を行

うことができるのが大きな特徴

・**納骨堂**：屋内に遺骨を安置する形式。アクセスが便利で、管理がしやすいのがメリット

・**自然葬（散骨など）**：海や山など自然に還る形で供養する方法。環境に配慮したい人や、お墓を持たない選択をした人に選ばれている

## 場所を選ぶポイント

**お墓を購入する際は、場所選びが重要**です。以下のポイントを考慮しましょう。

・**アクセスの良さ**：子どもたちが将来お墓参りしやすい場所を選ぶことが重要。波平が「家族が集まりやすい場所がいい。」と考えるなら、現在の居住地から近い霊園が適している

・**管理体制**：寺院や霊園による管理体制を確認

・**費用**：土地の使用料や管理費、永代供養料などを含めた総費用を事前に把握

## 費用を確認し、計画を立てる

お墓の購入には、墓地の使用料や墓石代、管理費がかかります。地域や霊園によって費用が異なるため、見積りを出してもらい、無理のない範囲で計画を立てることが大切です。供養墓や納骨堂は家族墓より費用が抑えられる場合があります。

## 家族との話し合い

**墓じたくを進める際には、家族との話し合いが必要**となります。

波平やフネが「家族墓を継いでほしい」と考えていても、子どもたちが遠方に住んでいる場合、子どもたちによる管理が難しいかもしれません。サザエ、カツオ、ワカメの意見を聞きながら、現実的な選択を検討する必要があります。

墓じたくをスムーズに進めるためには、自分たちの希望や家族の負担を考えて、早めに準備することが重要です。波平とフネのように、家族全員が納得できる形で準備を進めることで、安心して老後を迎えることができます。

## 生前整理の重要性～遺品整理の準備～

「お父さん、お母さん。家じまいもいよいよ終わりが見えてきたけど、最後にこの家の中を整理する必要があると思うの。」

サザエがやってきて、二人の間に腰を下ろしました。

波平は眉をひそめながら言いました。

「整理か……書斎の本や、ワシの集めた掛け軸を処分するのは惜しい気がするぞ。」

フネは優しく波平を見つめながら言いました。

「でもお父さん、私たちが元気なうちに、何を残して何を手放すのかを決めておけば、子どもたちが困らずに済みますよ。」

「それに、思い出の品って、物そのものよりも、私たちがどんなふうに使ってきたかが大事なんじゃない？」

サザエが微笑みながら付け加えます。

「本当に大切なものだけを選んで、後は感謝しながら手放すのもいいと思うわ。」

波平は少し考え込んだ後、ため息をつきました。

「そうかもしれん……だが、この家にある一つ一つの物に、ワシらの思い出が詰まっていると思うと、なかなか決心がつかん。」

カツオが書斎から顔を出しながら言いました。

「じゃあ、写真を撮るってのはどう？　残せないものでも、写真にしてアルバムにしておけば思い出は残るじゃない。」

「それはいい考えね。」

フネは頷きながら、湯のみを置きました。

「大事なものは少しだけ手元に残して、他のものは写真やメモにして記録を残しておきましょう。」

波平はしばらく庭を見つめていましたが、やがて静かに口を開きました。

「よし、わかった。家じまいの仕上げとして、この家の中を母さんやみんなと一緒に整理していこう。思い出を大切にしつつ、新しい一歩を踏み出すためにな。」

波平はフネ、サザエ、カツオ、ワカメとともに微笑み合い、長年暮らした家への感謝を込めながら、家じまいの仕上げとして生前整理を始める決意を固めました。


**相続発生後に残された家族が遺品整理を行ううえで、生前整理は重要な役割を果たします。**

**遺品整理とは、故人が残した物品を整理し、形見分けや処分を行うこと**をいいます。

特に波平やフネのように長年住み慣れた家に住んでいた場合には、家財道具や思い出の品が多く、波平やフネが生前整理を済ませておかなかった場合には、何を残し、何を処分するのかで残された家族が悩むでしょう。

生前整理の重要性に気付いていただくために、まずは遺品整理について説明します。

## 遺品整理の難しさ

**遺品整理をスムーズに進めるためには、優先順位を決めることが大切**です。故人が大切にしていた品や形見分けについての希望をリストアップし、それ以外の物を保管するか処分するか、家族で引き継ぐかを明確にすることで、思い出を共有しつつ作業を効率的に進めることができます。

波平が大切にしていた書斎の本や趣味の品、フネの愛用していた着物をどうするか、といった具体的な希望を明確にする必要があります。

何を残して何を処分するか、誰が引き継ぐかについて、家族で意見が分かれることもあるでしょう。特に遺産分割自体について争いがあるような場合には、遺品整理についても家族間で円滑に話し合いや作業を進められないこともよくあります。遺品整理をめぐって、新たに争いの火種が生まれてしまうのです。

## 専門業者の活用

**家族だけでは遺品整理が難しい場合、遺品整理の専門業者に依頼するのも一つの方法**です。大型の家具や家電の売却、仕分け作業を代行し、思い出の品を丁寧に扱いながら作業を進めていくので、家族の負担を軽減できます。ただし、業者を選ぶ際は、料金体系やサービス内容を事前に確認し、信頼できる業者を選ぶことが大切です。たとえ信頼できる業者を選択することができたとしても、やはり費用がかかることには変わりありません。その費用負担をめぐって、家族間でトラブルになることも考えられます。

このように、遺品整理は遺産分割同様、事前の準備なく行う場合には家族間で争いになるケースも多いのです。

遺品整理をスムーズに行うためには、その事前準備である生前整理を進めておくことが有効です。

波平やフネのように、家族に負担をかけたくないと考えた場合、自分が不要と思う物を早めに整理し、必要な物や思い出の品だけを残すようにすることで、残された家族の手間を大幅に減らすことができます。

遺品整理は単なる片付け作業ではなく、故人の人生を振り返り、家族の絆を深める大切な時間でもあります。

その一方で、遺品整理をめぐって家族間で意見が分かれる場合もあります。生前整理を行って必要な物や思い出の品だけを残しておくことにより、残された家族が何を処分すべきかをめぐって争うことがなくなり、遺品整理をスムーズに行うことができます。

遺品整理は、故人を送り出すための重要な作業です。計画的に進め、必要であれば専門業者を活用することで、家族の負担を軽減しながら、故人の思いを尊重することができます。

**遺品整理が円滑に行われるためには、生前整理を行っておくことが重要**です。自分にとって本当に重要な物、家族に受け継いでほしいものだけを残し、その他のものは事前に処分しておくことで、残された家族の負担が少なくなり、残された家族が故人との思い出を大切にすることができます。

**生前整理は、残された家族が故人との思い出を胸に、新しい一歩を踏み出すための大切なステップ**となるのです。

## 第4章 磯野家を襲った相続問題 まとめ

・終活は、自分の人生を見つめ直し、より良い形で最期を迎えるための大切な準備。
・「家じまい」だけではなく、財産の整理や遺言の作成、葬儀やお墓の準備など、人生の最終期に向けては様々な準備が必要。
・家族間の争いを避け、相続をスムーズに進めるためには遺言作成が重要。
・不動産、預金、株などの財産をわかりやすく整理しておくことで家族の負担を減らすことができる。
・葬儀やお墓の準備についても、具体的な希望を明確にしておく。
・遺品整理をスムーズに進めるために、生前整理を進めておく。

# 第5章

# 幸せになるための「家じまい」

## ——専門家に相談するメリットとは

## 法律面からも「家じまい」は必要

「さて、ここまでいろいろ考えてきたが、これで本当に大丈夫なんだろうか……。」波平がぽつりとつぶやきました。

「お父さん、私たちが話し合ってきたことはきちんと整理できたわ。でも、法的なことは弁護士に確認したほうがいいと思うの。」

「そうね。遺言の作り方や、家や財産の分け方も、ちゃんと弁護士さんに見てもらえれば安心できるわ。」

サザエとフネは弁護士に確認してもらう必要があると考えています。

「相続でもめるケースもあるんでしょう？　お父さんが準備しても、法的に問題があったら台無しだもの。」ワカメが少し真剣な表情で言います。

「それと、共有名義の不動産のこととか、売却や管理が難しいから共有にはしない方がいいって話もあったわよね。これも弁護士さんに相談して準備を進めたら、後からもめることがなくなると思うの。」

波平はふうっとため息をつきながら、家族を見回しました。「やらなければならないことが多すぎるな。」

「だからここから先は弁護士さんの力を借りましょう。きちんと法律の専門家に相談すれば、お父さんの意思も形に残せますし、家族みんなの気持ちも大切にすることができますわ。」

「そうね。お父さんが決めたことを、法律的にもしっかり守ってもらうためにも、弁護士さんに相談することが必要よ。」

フネとサザエは波平を諭すように言いました。

「よし、わかった。これまで考えてきたことを一度まとめて、弁護士に相談してみることにしよう。これが最後の仕上げだ。」ようやく波平は決意したようです。磯野家はこれまでの準備を再確認し、弁護士に相談することで「家じまい」の最終段階へと進む決意を固めました。

**家じまいを進める際に、法律面での検討は非常に重要**となります。

不動産を含む財産の整理は、法的な側面から検討することで、後のトラブルや負担を防ぐことができます。

財産に関する権利や管理方法に関する問題が複雑になり、家族間の争いや手続きの遅延を避けるためにも、法的な検討が重要です。

**遺言がない状態で波平の相続が発生した場合、世田谷の自宅は、法定相続人であるフネ、サザエ、カツオ、ワカメが共同で所有する共有状態**となります。自宅を丸ごと売却する際には、相続人全員の同意が必要なため、誰か一人でも反対すれば手続きが進められません。

さらに、**不動産は現金のように簡単に分割できない**ため、遺産分割が難航しやすい財産です。不動産をそのまま残すか、売却して現金化するか、相続人間で意見が分かれることがよくあります。

カツオが「家を売却して現金を相続したい」と主張し、サザエが「この家は家族の思い出が詰まっているから残したい」と反対すれば、解決に多くの時間とエネルギーを要することになります。

**家じまいについて考えるうえでは、相続人間の公平性や納得感を確保するために、遺言作成が有効**です。

波平が遺言を作成し、「世田谷の家は相続人全員で売却して、各相続人が相続分に応じて売却代金を分ける。他の財産は子どもたちで平等に分割する」と具体的に示していれば、ひとまず自宅の帰趨《きすう》するところは決まるわけです。また、遺言があることで、遺産分割について被相続人の意思に基づいた明確な方向性が示されますから、相続人の間で不信感や争いが発生しなくなります。

さらに、**残された家族の金銭的負担の面からも、家じまいをお勧めします。**

まず、不動産の名義変更や相続登記の手続きを放置することで発生する問題も考慮する必要があります。たとえば、相続登記が未完了のまま何年も経過すると、不動産の所有権の帰属が不明確になるだけでなく、三年以上放置をすると十万円以下の過料に処せられることもあります。

家じまいをすることで相続税や固定資産税の負担を適切にコントロールすることにもつながります。

不動産をそのまま相続した場合、固定資産税や管理費が発生しますが、生前に不動産を売却して換金したり、賃貸物件として活用したりする選択肢を検討することによって、このような金銭的負担に対して備えることもできます。

**家じまいによって家族間の争いを回避し、財産を正しく管理・分配し、将来のトラブルを回避することが重要**です。

波平やフネのように、家族の負担を軽減し、円満な相続を実現したいと考えた場合、家じまいを成功させて家族全員が安心して未来に進むことができるようにしたいものです。

「やっぱり、この家を残さないという判断は、間違ってなさそうですね。子どもたちの負担を考えると、この家を持ち続けるのは現実的ではありませんね。」フネは家じまいの必要性を再確認しました。

「そうね、お父さんとお母さんが元気なうちに家じまいができたら、相続が発生したときの手続きもスムーズになるわ。この家を売却して現金に換えれば、私たちは苦労しなくて済みそうね。」サザエも安心した様子です。

「相続登記を放置したら、罰則まであるって話もあったよね。」カツオも納得しています。

「お父さんが生前に整理してくれるから、私たちも心配しないで大丈夫よね。こういうのって、本当に事前準備が大事だと思うの。」

ワカメが落ち着いた声で言いました。

「ワシが元気なうちに、この家を売却し、現金に換えておくのが一番良い選択だろうな。弁護士にもう少し詳しく話を聞いて、将来のトラブルを防ぐ準備をしておこう。」

波平は早速弁護士に連絡しました。

## 遺産分割時に分割しやすくなる

「不動産の売却って、思っていたより簡単じゃないらしいな。築年数が経っていると、買い手が見つかりづらいことも多いとか。」

波平は、不動産売却についての資料を手に取りながら話しました。

「そうですね、最近は畳の部屋があると敬遠されることもあるみたいですね。昔ながらの一戸建て住宅ですと、今どきの買い手の好みに合わない場合も多いそうですよ。」

フネは、少し不安な顔を見せます。

「そうよね。この家だって、リフォームしないと売れないかもしれないし、維持費もかかるから相続したい人なんていないのが現実じゃない？」

「大体、今どき実家を相続したいなんていう人、どれぐらいいるんだろうね？僕はやっぱり現金でもらったほうがありがたいよ。」

サザエとカツオも少し気まずそうに言いました。

波平は深く頷きながら言いました。「だからこそ、ワシが元気なうちにこの家を買ってくれる人を見つけるんだ。」

サザエは微笑みながら言いました。「お父さんがしっかり準備してくれるのは本当に助かるわ。家じまいができればお父さんも安心できるわね。」

## 不動産は生活の基盤、人生が決まる

不動産は相続財産の中でも特に重要な財産ですが、その扱いには注意が必要です。

なぜなら、**不動産は現金のように簡単に分割できないうえ、特に一戸建て**

**住宅は分割方法をめぐって争いが発生しやすく、注意が必要**だからです。

波平が残した世田谷の家を、サザエとカツオ、ワカメが相続するとします。この場合、相続人全員で家を共有する状態となり、売却するのか、誰が住むのか、維持管理を誰が負担するのかを巡って意見が対立する可能性があります。

売ろうとしても、築年数が経過していたり、条件次第では買い手が見つかりにくかったりするなど、換金に時間がかかることもあります。

さらに、古い一戸建て住宅は修繕費がかかる場合も多く、結果的に維持コストが負担となるため、相続人が相続するのを敬遠するケースも少なくありません。

実際の遺産分割では、一戸建て住宅よりも現金や金融資産、収益性の高い不動産が好まれる傾向があります。

相続した子どもたちが住まない場合、その家をどう活用するかは、相続人の意見を調整する必要があり、これがトラブルの火種になることもあります。

こうした問題を回避するためには、**生前に家じまいを進め、不動産を売却**

**して現金に換えたり、活用しやすい形に整理したりするなどしておくのが有効**です。

現代のライフスタイルや価値観に合わせた相続の準備を行うことが、家族間の紛争を防止し、円満な遺産分割を実現するために必要になるのです。

## 東京一極集中の結果、実家の不動産はお荷物に

東京一極集中が進む現代において、**地方や郊外にある実家の不動産が相続人にとってあまり相続したくない物件として扱われるケースが増えています。**

そのため、相続財産として実家を受け継いだものの、実際には利用価値が低い場合や、売却が難しい場合が多いのです。

波平が世田谷に残した家であれば、都心近くということもあり、比較的価値を維持しやすいかもしれません。

一方、**地方の過疎化が進む地域に実家があった場合、その不動産はほとんど売却の可能性がなく、相続人にとっては負担となる可能性があります。**

売れるはずもなく、固定資産税や管理費がかかるだけのものとなり、結果

として誰も引き取りたがらない状況になることも少なくありません。

さらに、**地方や郊外の一戸建て住宅を放置した結果、老朽化が進んで修繕費が高額になることもあります。**誰も管理せず放置していると空き家状態になり、近隣住民からの苦情や防犯・安全面でのリスクが増えるため、相続人の負担がさらに増します。

実家の不動産が有効活用されるケースは限定されています。

相続人に負担を残さないためには、生前に家じまいを進めて実家を売却して換金したり、収益性のある不動産に買い替えたりするなど、次世代に資産として引き継ぐことが求められます。

## もらいたくない、売るに売れない

こだわって建てた一戸建て住宅は、その家族にとっての思い出が詰まった大切な場所です。規格化されたマンションとは異なり、一戸建て住宅には住人の思いが詰まっていることが多く、その思い入れがその一戸建て住宅の「個性」といえます。その「個性」こそがその家の魅力となるのです。

しかし相続や売却の場面では、その「個性」が仇となることがあります。**価値観やライフスタイルに合わせて設計された家は、実際のニーズと合わないことが多く、売りにくい状況に悩むこともあります。**

波平が建てた世田谷の一戸建て住宅ですが、竣工当時は広い庭や和風の間取りが魅力でした。

しかし今の住宅市場では人気のある仕様とはいえません。エネルギー効率、生活動線の適応性が重視されること、昭和の家特有の和室中心の間取りや狭い台所、段差の多い設計などは敬遠される傾向にあります。

買い手がつかず、貸し出す場合にも条件に合う借り手が見つからないことが多いでしょう。

さらに、親のこだわりが詰まった住宅は、リフォームや改修が難しい場合もあります。

オーダーメイドの設計や特殊な素材を使用した家は、新たな所有者がリフォームをしようとすると、高額な費用を負担する必要があります。

また、築年数が古い住宅を売却する場合においては、建物の価値がほぼゼロと評価され、土地だけの価値で評価されるケースも少なくありません。

売却が難しいだけでなく、維持費や固定資産税の負担が相続人にのしかかることが多いため、誰も引き取りたがらない状態に陥るリスクが高いのです。

このような状況を防ぐためには、相続が発生する前に時間的余裕をもって、家じまいを進めることが重要です。

波平やフネがこの家を次世代に残したいと考える場合でも、現代の住宅需要に合わせた工夫が必要です。

**こだわりや思いを反映して建てた思い出の家を、「負担」ではなく「資産」として引き継がれる形に変えることが求められます。**

そもそも**一戸建て住宅は、相続財産の中でも、相続人間で「もらいたくない」と敬遠されがちな財産**です。

相続後の活用が難しい場合が多いためです。

そのため、相続人の間では「もらっても困る」「売るにも大変」という不人気な財産になりやすいのです。

一戸建て住宅は、現金のように簡単に分割できる財産ではなく、管理や維持費がかかるという点が大きな負担となります。マンションも毎月の管理費や修繕積立金がかかりますが、相続開始時の一戸建て住宅は、高齢の被相続人が管理していたため、状態がよくないものもあり、すぐに一定の修繕費用が必要であることも少なくありません。


波平が残した世田谷の家をサザエ、カツオ、ワカメが相続するとします。しかし、サザエにはすでに自宅があり、カツオやワカメも遠方で生活している場合、誰も実家に住む予定がないとなると、この家をどうするかが問題になります。

負担ばかりが相続人にのしかかって、結果的に誰も引き取らない状況になりかねません。

さらに、築年数が古い一戸建て住宅は市場価値が低いことが多く、売れない状況になることもあります。

住宅の老朽化が進んでいる場合、売却前にリフォームや解体を行う場合もありますが、その費用を誰が負担するのかで相続人間の対立が生じる可能性もあるのです。

家を売却して現金化する、あるいは収益性のある資産に移行するなど、相続人が負担を感じない形で財産を整理しておくことが求められます。

波平やフネが家族にこの家を残したいと思っても、その家が相続人にとって負担になるなら、家族のことを考えて売却やリフォームなどの選択肢を検討するべきです。

**一戸建て住宅は、思い出の場所であると同時に、時代の変化に応じた対応が必要な財産であることを理解することが大切**です。

## 実家不動産の共有を回避せよ

**一戸建て住宅を相続人で共有することは、一見平等な遺産分割方法と思われますが、最も避けるべき分割方法**です。相続人間でのトラブルの原因となりやすいからです。

共有で相続した場合、意思決定が煩雑になります。

たとえば、共有の一戸建て住宅を売却したり、担保に出してお金を借りたりする際には、共有者全員の同意が必要になります。一人でも反対する相続人がいれば進みませんし、結果として不動産が利用されないまま放置されるケースも少なくありません。

また、**共有状態では管理責任の所在が不明確になりトラブルにつながりやすいという問題もあります。**不動産の維持管理費や固定資産税の支払いを誰がどの割合で負担するのかが明確でない場合、最終的には相続人の一部に負担が集中して不満が募ることがあります。

逆に、誰も管理しないまま放置されると、空き家となった住宅が老朽化して、近隣住民に迷惑をかけたり、防犯上のリスクが高まったりする恐れもあります。

さらに、**共有状態では資産価値が下がりやすい**こともあります。共有者全員が売却に同意するまで時間がかかり、売却の機会を逃してしまうことがあるのです。

**相続時には不動産を共有しないようにすることが重要**です。共有によるトラブルを防ぐためには、生前に家じまいを進め、不動産をめぐる相続トラブルが発生しないようにしておくことが大切です。

また、**事前に遺言を作成し、特定の相続人に不動産を全て相続させることを確実にすることも、共有のリスクを回避する有効な手段**といえます。

## マンションに買い替えた方が相続税は有利

「弁護士から、マンションが相続税の節税に有効だと聞いたんだが、一体どういう仕組みなんだろうな。マンションに買い替えるといいということなんだが。」

波平が不動産についての資料を見ながらつぶやきました。

「マンションが節税に有効って、どういう意味なのかしらね？　ただ家を売るだけじゃなくて、マンションへの買い替えが関係するっていうのが少し気になるわ。」

「確かに、家を売ったほうがいいっていうのはわかったけれど、マンションに買い替えるとどう節税になるのか、私もよくわからないわ。」

サザエとフネは首をかしげながら言いました。

「小規模宅地等の特例って話でしょ？　たしか相続税の評価額が下がるようなやつ。でも、マンションと一戸建てで評価額がどう違うのか、具体的なことまでは僕も知らないや。」カツオも困った様子です。

「それなら、もう一度弁護士さんに詳しく聞いてみたほうがよさそうね。具体的にどういう手続きが必要で、どれだけ税金が軽減されるのか、教えてもらえるんじゃないかしら。」

ワカメが切り出します。

「そうだな。この家を売却するのは決まっているが、どうせなら節税の仕組みをしっかり理解して、有利に進めたいものだ。」

波平はそう言うと、弁護士に連絡をとって再度相談することを決めました。

## 本当に使えるのか？　小規模宅地等の特例

**「小規模宅地等の特例」は、相続税の負担を軽減するための制度で、被相続**

**人が住んでいる住宅用地評価額を最大で八十％減額できる非常に有利な特例です。**この特例を利用するためには、一定の条件を満たす必要があり、すべてのケースで使えるとは限りません。

小規模宅地等の特例は、相続税対策として非常に効果的ですが、その適用条件や適用の可否を事前に確認し、不動産の形状や活用方法を慎重に選ぶことが、家族の将来を見据えた賢明な準備といえます。マンションでも小規模宅地等の特例を適用ができる場合もあります。

波平が住んでいる世田谷の家をフネが相続する場合、フネが引き続きその家に住むという条件を満たせば、小規模宅地等の特例が適用されます。

もっとも、相続人の中に実際にその家に住んでいる人がいない場合や、複数の相続人が共有で相続した場合にはこの特例を適用できないケースもあります。

## 特定居住用宅地などの要件

<table>
<tr><th rowspan="2">区分</th><th colspan="2">特例の適用要件</th></tr>
<tr><th>取得者</th><th>取得者等ごとの要件</th></tr>
<tr><td rowspan="3">被相続人の居住の用に供されていた宅地等</td><td>1 被相続人の配偶者</td><td>「取得者ごとの要件」はありません。</td></tr>
<tr><td>2 被相続人の居住の用に供されていた一棟の建物に居住していた親族</td><td>相続開始の直前から相続税の申告期限まで引き続きその建物に居住し、かつ、その宅地等を相続開始時から相続税の申告期限まで有していること。</td></tr>
<tr><td>上記1および2以外の親族</td><td>次の(1)から(6)の要件をすべて満たすこと。<br>(1) 居住制限納税義務者または非居住制限納税義務者のうち日本国籍を有しない者ではないこと。<br>(2) 被相続人に配偶者がいないこと。<br>(3) 相続開始の直前において被相続人の居住の用に供されていた家屋に居住していた被相続人の相続人（相続の放棄があった場合には、その放棄がなかったものとした場合の相続人）がいないこと。<br>(4) 相続開始前3年以内に日本国内にある取得者、取得者の配偶者、取得者の三親等内の親族または取得者と特別の関係がある一定の法人が所有する家屋（相続開始の直前において被相続人の居住の用に供されていた家屋を除きます）に居住したことがないこと。<br>(5) 相続開始時に、取得者が居住している家屋を相続開始前のいずれの時においても所有していたことがないこと。<br>(6) その宅地等を相続開始時から相続税の申告期限まで有していること。</td></tr>
<tr><td rowspan="2">被相続人と生計を一にしていた被相続人の親族の居住の用に供されていた宅地等</td><td>1 被相続人の配偶者</td><td>「取得者ごとの要件」はありません。</td></tr>
<tr><td>2 被相続人の居住の用に供されていた一棟の建物に居住していた親族</td><td>相続開始前から相続税の申告期限まで引き続きその家屋に居住し、かつ、その宅地等を相続税の申告期限まで有していること。</td></tr>
</table>

出典：国税庁HP

相続する土地や相続人の属性次第で、小規模宅地等の特例が使える場合と使えない場合が分かれる

## マンションなら節税効果が即確定

**マンションは一戸建て住宅に比べて、相続税の節税効果が確実かつ明確である点が大きなメリット**です。

マンションの相続税評価額は、土地の保有分や建物部分の固定資産税評価額により決定されるため、同じ市場価値の不動産でも、一戸建て住宅とマンションとでは、マンションの方の相続税の負担が軽い傾向にあります。

つまり、**マンションが一戸建て住宅よりも相続税において有利なのは、敷地部分についての評価がそこまで高くならないから**なのです。

一戸建て住宅は、土地の権利が大きく、評価額が高くなる傾向がありますが、マンションは専有居住権に応じた土地の持ち分が小さいため、相続税評価額が比較的低いことが多いのです。

波平が世田谷の一戸建て住宅に住んでいた場合、広い土地が高額に評価され、相続税の負担が大きくなる可能性があります。

マンションの場合は土地の持ち分が小さいため、評価額が抑えられます。

これにより、相続税の節税効果が確実に得られるのです。

### 戸建とマンションの土地の持ち分割合

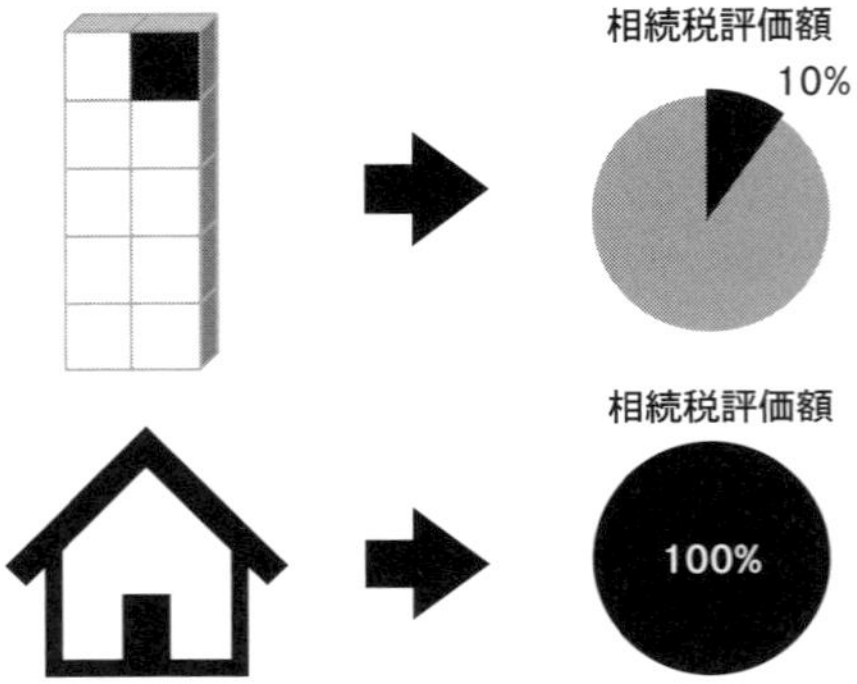


土地の持ち分が少ないマンションは相続税の節税効果が確実

さらに、**マンションは突発的に発生する維持費や管理費が抑えられる**点も、相続人にとっての負担軽減につながります。

一戸建て住宅では広い土地の固定資産税や修繕費が相続人の負担となるケースが多いですが、マンションの場合、管理組合が修繕計画を行い、個別の負担が比較的軽いのが一般的です。また、マンションは資産として流動性が高く、売却したり賃貸物件として活用したりしやすいため、相続人がそのまま住む場合だけでなく、管理する場合でも柔軟に活用することができます。

このようにマンションはその資産

価値が現金に換えやすいため、遺産分割の際にも有益です。**マンションへの住み替えは、相続税の評価額を抑え、相続後の負担を軽減するだけでなく、財産を活用しやすい形にする効果的な手段**です。

家じまいをしてマンションへの住み替えを選択することで、家族が相続する際に税負担や維持管理の悩みを大幅に減らすことができます。

波平はテーブルに広げた資料を眺めながら、しみじみと言いました。

「いやあ、弁護士の話を聞いて本当によかった。小規模宅地等の特例も、ただ使えるわけじゃなくて、条件がいろいろあるとは思ってもみなかったな。」

フネは隣でお茶を飲みながら「この家は土地が広いから評価額が高くなって、相続税も高額になるという話でしたものね。それを考えると、マンションに住み替えるのは本当に賢い選択なのかもしれませんね。」と納得した様子で言いました。

世田谷の家をどうするかについて、家族はこれまで何度も話し合ってきましたが、税金や手続きについてはまだ具体的に話し合っていませんでした。

「マンションなら相続税の評価額も低いし、管理もしやすいって聞いたら、一戸建て住宅にこだわる理由はないよな。」

カツオが腕を組みながら言いました。


波平は少し考えて、弁護士から渡された資料に目をとおして言いました。

「この家には多くの思い出が詰まっているが、それを子どもたちに引き継いでもらうよりも、子どもたちに負担を残さない選択が重要だと確信した。やっぱり、家じまいという判断は正しかったようだ。」

「お父さん、専門家に相談して家じまいを決意してくれてありがとう。私たちも安心して新しい生活を考えられるわ。」

「お父さん、これで家じまいの道筋が決まったわね。こうして家族で納得して進めるのが一番大事だと思うわ。」

サザエもワカメも安心した様子です。


茶の間には、穏やかな空気が流れていました。

波平は資料を閉じ、家族に向かって決意を込めた表情を見せました。

## 第５章　幸せになるための「家じまい」まとめ

・「家じまい」を進めていくうえで、法的な側面からも検討することは、非常に重要。
・相続トラブルの原因になりやすい不動産については、遺言の作成が必須。
・複数の相続人がいる場合や、不動産が財産の大部分を占める場合などは、明確な遺言が家族の争いを防ぐ。
・相続税対策は弁護士に相談し、制度をよく理解したうえで、適用条件を満たしているかを事前に確認しておく。

# おわりに

本書では、磯野家を例に「家じまい」や「相続」に関する様々な問題について解説してきました。

家族のために購入した家や財産は、愛情とともに次世代へと受け継がれるべきものです。しかし財産が適切に整理されていない場合、思いがけず家族間紛争の原因となったり、家族に大きな負担を残したりすることにもなりかねません。

波平とフネが世田谷の家で暮らし、子どもたちは独立していく中で、家じまいは避けられない現実となります。

このような状況に備えて、感情だけに流されるのではなく、法律や税金の知識を身に付けて、しっかりと準備することが大切です。

家じまいは「家との決別」ではなく「次のステージへの準備」です。

残された家族が無用な苦労をせず、安心して未来に向かって進むための基盤を作るには、専門家の力を借りたり、家族で話し合う場を持ったりするなど、具体的な行動を早めに起こすことが重要です。

本書が家じまいや相続問題に向き合うきっかけとなり、少しでも多くの方が安心して次のステージに進めるお役に立てれば幸いです。大切なのは、「未来の家族に何を残したいのか」を考え、行動に移すことです。

家族の絆を守るために、あなた自身の「家じまい」を、今から少しずつ始めてみてはいかがでしょうか。

長谷川裕雅

**長谷川裕雅**（はせがわ・ひろまさ）
早稲田大学政治経済学部卒業後、朝日新聞社記者。夜討ち朝駆けで多数の事件関係者に張り付く中、当事者と一緒に悩む立場を取りたいと考え、弁護士に転身。法務と税務の両面から相続問題を総合的に解決できる希少な専門家として、相談者から絶大な信頼を得ている。
永田町法律税務事務所代表　https://nagatacho.com/
専門は不動産相続・終活問題・事業承継紛争・危機管理。
『磯野家の相続［令和版］』（PHP 文庫）、『磯野家の相続』『磯野家の相続税』（ともにすばる舎）、『老後をリッチにする家じまい　一戸建て、売り逃したら負動産』（イースト・プレス）、『実例に学ぶ経営戦略　あの企業のお家騒動』（リベラル社）など著書多数。

装丁デザイン　大前浩之（オオマエデザイン）
本文デザイン・DTP　22plus-design
編集人　安永敏史（リベラル社）
校正　合田真子
営業　津田滋春（リベラル社）
広報マネジメント　伊藤光恵（リベラル社）
制作・営業コーディネーター　仲野進（リベラル社）
編集部　尾本卓弥・中村彩・木田秀和・濱口桃花
営業部　川浪光治・津村卓・澤順二・廣田修・青木ちはる・竹本健志・持丸孝

# 磯野家の家じまい
## 相続・終活の専門家が教える幸せな実家のたたみ方

2025 年 2 月 26 日　初版発行

著　者　長谷川裕雅
発行者　隅田直樹
発行所　株式会社 リベラル社
〒 460-0008　名古屋市中区栄 3 -7- 9 新鏡栄ビル 8F
TEL 052-261- 9101　FAX 052-261- 9134
https://liberalsya.com
発　売　株式会社 星雲社（共同出版社・流通責任出版社）
〒 112-0005　東京都文京区水道 1-3-30
TEL 03-3868-3275
印刷・製本所　株式会社シナノパブリッシングプレス

　ISBN978-4-434- 35381- 9　C0030